भारत की प्रथम महिला राष्ट्रपति

राष्ट्रपति प्रतिभा पाटिल

ऋतु सिंह

राजपाल

मूल्य : ₹ 95/- (पचानवे रुपये)

संस्करण : 2011

ISBN : 978-81-7028-706-3
PRESIDENT PRATIBHA PATIL (Biography) by Ritu Singh
Printed at Deepika Enterprises, Delhi

राजपाल एण्ड सन्ज़, कश्मीरी गेट, दिल्ली–110 006
website : www.rajpalpublishing.com
e-mail : sales@rajpalpublishing.com

भारत की प्रथम महिला राष्ट्रपति

राष्ट्रपति प्रतिभा पाटिल

''बहुत बढ़िया!'' डॉ. अब्दुल कलाम हठात् कह उठे थे, जब उन्हें पता चला था कि प्रतिभा पाटिल अगले राष्ट्रपति के रूप में उनसे कार्यभार ग्रहण करेंगी। 25 जुलाई 2007 को भारतीय गणराज्य के इतिहास में किसी महिला का, पहली बार, देश के शीर्षस्थ पदासन पर पहुँच पाना लिखा गया था। टेबिल टेनिस की चैंपियन, मान्यताप्राप्त वकील, समाज सुधारक और कार्य से एक राजनीतिज्ञ, प्रतिभा पाटिल का नाम अभी कुछ महीनों तक बहुत ज्यादा जाना सुना नहीं गया था, लेकिन आज उनका नाम घर-घर की चर्चा है और उसे इतिहास के वृतांत में मानपूर्वक स्थान दिया जाएगा।

यह पुस्तक प्रतिभा पाटिल के जीवन की कुछ वह झलकियाँ प्रस्तुत करती है जिन्होंने उनके जीवन को गढ़ा और उनकी राजनीति में चौबीस वर्ष की लंबी यात्रा को प्रभावित किया।

इस पुस्तक की लेखिका ऋतु सिंह इतिहास में स्नातकोत्तर उपाधि पा चुकी हैं। सेंट मैरी कॉनवेंट नैनीताल तथा लॉ मार्टिनयर गर्ल्स कॉलेज लखनऊ में उन्होंने शिक्षा पाई। ऋतु को लेखन, संपादन, तथा अनुवाद का बारह वर्ष का गहन अनुभव है तथा वह वयस्क तथा बच्चों, दोनों के लिए सक्रिय रूप से लिख रही हैं।

अनुक्रम

1

समय के साथ

मेरा पता मेरे जूतों की तरह है। वह मेरे साथ सफ़र करता है। मैं वहीं रुकती हूँ जहाँ भी अन्याय से कोई लड़ाई होती है।

–मदर जोन्स

1

वे यहाँ अक्सर आती थीं, खासतौर से गर्मी के दिनों में, क्योंकि यहाँ उन्हें रेगिस्तान की जबरदस्त तपती रेत, धूल-धक्कड़ और दूसरी परेशानियों से राहत मिलती थी। उनका काम-धाम यद्यपि हमेशा उनके साथ ही चलता था, इस स्वर्गनुमा स्थान की शान्ति उनके दिलो-दिमाग को नई ताज़गी और ज़िन्दगी देने में अमृत का काम करती थी। दुनिया की सबसे पुरानी पर्वतमालाओं में एक, अरावली-अंग्रेजी प्रभाव के बिना इसे 'आडावला' कहते हैं-की ऊबड़-खाबड़ पहाड़ियों में, टेढ़े-मेढ़े बल खाती सड़क पर मानो स्वर्ग की दिशा में ऊपर चढ़ते हुए, यहाँ की खुश्क तेज़ी से चलती हवाओं और अजीब-अजीब शक्लों के बड़े-बड़े पत्थरों को देखकर वे हमेशा चकित विस्मित रह जाती थीं। फिर, समुद्र की सतह से 1219 मीटर की ऊँचाई पर राजस्थान नहीं, समूचे उत्तर-पश्चिम भारत के इस अकेले हिल स्टेशन पर पहुँचते ही वे बड़ी बेसब्री से गाड़ी से नीचे उतरने लगती थीं।

सचमुच यह स्थान स्वर्ग की बराबरी करता है, निसर्ग और देवी-देवता सबकी इस पर अपार कृपा है। गहरी हरियाली से भरपूर पहाड़ियाँ, ऊँचे-ऊँचे वृक्षों से घिरे जंगल, तरह-तरह के फूलों से लदी झाड़ियाँ, हरहराकर गिरते हुए झरने, और शान्त विस्तार में फैली झील, थके-माँदे नेत्रों को जबरदस्त चैन प्रदान करते हैं। यहाँ की ठंडी हवा की एक साँस ही आपको जीवन की आश्चर्यजनक विविधताओं से

प्रसन्न होने की प्रेरणा देती है। आपकी प्रवृत्ति आध्यात्मिक न हो तो भी ग्यारहवीं से तेरहवीं शताब्दी तक बने देलवाड़ा के विलक्षण मंदिरों में बजती सुमधुर घंटियों की आवाज़ें–जिन्हें देखने-सुनने के लिए दुनिया भर से पर्यटक यहाँ आते हैं–आपको यह सोचने के लिए बाध्य करती हैं कि दुनिया के ऊपर उसे चलाने वाली कोई शक्ति अवश्य विद्यमान है।

जी, यह स्थान है माउंट आबू, पुराणों के अनुसार तैंतीस करोड़ देवी-देवताओं का निवास-स्थल, जहाँ प्राचीन काल में अनेक ऋषि-मुनि भी रहते थे। एक कहानी के अनुसार, ऋषि वशिष्ठ की गाय, नन्दिनी, यहाँ एक बहुत बड़े गहरे गड्ढे में गिर गई और उससे बाहर निकलने के लिए छटपटाने लगी। ऋषि ने भगवान शिव से सहायता की याचना की। शिवजी ने देवों की नदी सरस्वती को भेजा कि जाकर गड्ढे को अपने जल से ऊपर तक भर दे, जिससे नन्दिनी उठकर निकल आए। ऋषि ने यह सोचकर कि भविष्य में ऐसी दुर्घटना फिर कभी न हो, पर्वतों के राजा हिमालय के सबसे छोटे बेटे से कहा कि वह इस विशाल गड्ढे को सदा के लिए जल से भर दे। यह काम करने के लिए उसने महासर्प अर्बुद से सहायता माँगी। इस कारण पर्वत का नाम पड़ा अर्बुद पर्वत, जो कालान्तर में आबू पर्वत या माउंट आबू, नाम में बदल गया। भारत की स्वाधीनता प्राप्त होने से पहले ब्रिटिश ईस्ट इंडिया कम्पनी ने इसे सिरोही के राजा को एक निश्चित अवधि के लिए किराये पर दे दिया। उस समय से 1947 तक यह राजपूताना में अंग्रेज रेजीडेंट का निवास-स्थल बना रहा, साथ ही ब्रिटिश सेना का विश्रामस्थल, और उसके बाद राजस्थान की ग्रीष्म राजधानी बन गया।

इस प्रकार यह स्थान सुख और सुरक्षा दोनों का ही प्रमुख केन्द्र माना जाने लगा। विशेष रूप से उनके लिए जो शक्ति के गहमा-गहमी से भरे, केन्द्र में रहते हैं। जैसा प्रदेश के राज्यपाल के साथ होता है,

भारत का संविधान भले ही कहे कि उसका काम-काज ऊपरी बातों तक ही सीमित है, यह भी उतना आसान नहीं है। यह भी समय की तपती रेत पर बहुत संभल-संभल कर चलने के समान है। राजस्थान के राज्यपाल की हैसियत से प्रतिभा पाटिल को यह सच्चाई बहुत अच्छी तरह ज्ञात थी-जिन्होंने अभी हाल ही में गूजर आन्दोलन के भयंकर तूफान को झेला था।

वे राजभवन की अपनी ज़िन्दगी पर सोचने लगती हैं, जयपुर महाराज का विशाल भवन, जो पिछले दिनों उनका सरकारी निवास रहा है। उन्हें 9 नवम्बर 2004 को राजस्थान के राज्यपाल की शपथ अंग्रेजी में मुख्य न्यायाधीश वाई.आर. मीना द्वारा दिलाई गई थी। इसमें मुख्यमंत्री वसुन्धरा राजे तथा स्पीकर सुमित्रा सिंह उपस्थित थीं।

यह उनके लिए तथा राजस्थान के लिए भी, पहला अवसर था-वे पहली बार किसी प्रदेश की राज्यपाल बनी थीं और राजस्थान को भी मदनलाल खुराना के बाद पहली महिला सोलहवीं राज्यपाल प्राप्त हुई थी। महाराष्ट्र के लिए भी वे दूसरी राजनीतिज्ञ थीं, जिन्हें वसंत दादा पाटिल के बाद-वे भी पाटिल ही थे-राज्यपाल का यह पद प्राप्त हुआ था।

तीन वर्ष का यह काल उन्होंने ज्यादातर अकेले ही बिताया। वे महाराष्ट्र से जयपुर आईं, परन्तु उनके पति अमरावती में ही रहते रहे-वे महीने में एक बार यहाँ आते थे। उनका बेटा राजेन्द्र सिंह मुम्बई में और इलेक्ट्रॉनिक इंजीनियर बेटी ज्योति राठौड़ पुणे में रहे-वे साल में एक बार माँ से मिलने आते थे। पूर्व के राज्यपालों की तरह वे राजभवन में न तो पार्टियाँ देती थीं और न संगीत कार्यक्रम आयोजित करती थीं। राज्यपाल के रूप में उनका जीवन बहुत सादा था, उनका अपना व्यय बहुत मामूली था और अक्सर खर्च के लिए निर्धारित रकम बच भी जाती थी।

उनके लिए राजभवन में कोई परिवर्तन नहीं कराया गया। यूँ भी यह बड़ी सादा इमारत है। शान के लिए कहें तो पुराने झाड़-फानूस ही इसे कुछ शोभा प्रदान करते हैं। राज्यपाल बनकर उन्होंने खुद कोई परिवर्तन नहीं कराया, नए मेज-कुर्सी नहीं लगवाए, यहाँ तक कि अतिथि गृहों में भी पुराने और कई जगह काफी मामूली पर्दे लटकते दिखाई देते हैं। नहाने-तैरने का तालाब सूखा पड़ा है। इस सबसे प्रदेश की प्रथम महिला की जीवन-शैली पर प्रकाश पड़ता है–जिसे साधु या साध्वी की जिन्दगी भी कह सकते हैं। रसोइया लक्ष्मनराज का कहना है : "मैडम के ज़माने में राजभवन शाकाहारी ही रहा। वे दूध और टोस्ट का नाश्ता करती थीं। लंच और डिनर के लिए चपाती, सब्ज़ी, दही और भात ही काफी होता था।"

राज्यपाल प्रतिभा पाटिल अतिथि भी ज्यादा आमंत्रित नहीं करती थीं। जब किसी को आमंत्रित करती भी थीं, खान-पान सादा ही रहता था। एक बार जब उनके पति देवी सिंह शेखावत पधारे, रसोइए ने पूछा, "मैडम आज क्या बनाऊँ?" तो उन्होंने जवाब दिया, "जो रोज़ बनता है।"

रसोइये ने झिझकते हुए कहा, "लेकिन मैडम, मैंने सोचा, आज कुछ स्पेशल बना लें। सर को जो...पसन्द हो।" उन्होंने ज़रा-सा मुस्कुराकर सिर हिला दिया।

रसोइये के बारे में सोचती वे वर्तमान में उतर आती हैं। माउंट आबू के अपने निवास में बाहर बने हरे-भरे लान में आराम से चाय पीती वे सोचने लगती हैं : मैं उन सबको एक बार यहाँ ज़रूर बुलाऊँगी, ज़रा शासन की उलझनों से मुक्त हो जाऊँ। यहाँ उन्हें इतिहास के बहुत से पन्ने खुलते नज़र आएँगे। वे ज्ञान के कितने प्यासे रहते हैं–और स्पंज की तरह उसे हमेशा के लिए एकदम सोख भी लेते हैं।

यह अचानक अपने नाती-पोतों का ख्याल कैसे आया? ज़रूर

यह पिछले दिनों अलवर के एक स्कूल में हँसती-खेलती लड़कियों को देखकर यह आया होगा। उसके बाद वे अक्सर अपनी दोनों नातिनी और पोती के बारे में सोचती रही थीं–उन्हें देखे कितना ज्यादा वक्त हो गया। बचपन कितनी जल्दी आता और चला जाता है, उसकी कीमत समझने का वक्त ही नहीं मिलता। उनसे दूरी कितनी खलती है....

"आजी, आप हमारे साथ टेबिल टेनिस कब खेलेंगी? आपने वादा किया था...प्लीज़!" नीलिमा ज़िद कर रही थी।

"अब मैं खेलने के लिए काफी बूढ़ी हो गई हूँ। लेकिन अब भी खेल की कई तरकीबें मेरी कुरती की इन बाँहों में छिपी हैं।"

"अच्छा? लेकिन आजी, यह तो बताएँ कि आप अब भी ये पुराने ढंग की पूरी बाँहों की बटन बन्द कुरतियाँ क्यों पहनती हैं? इनमें आपको गरमी नहीं लगती?"

वे हँसकर कहती हैं, "सच कहूँ, तो नहीं लगती। सूती कपड़ा ठंढा होता है और पूरा बदन ढक लेने पर भी गरमी नहीं लगती। लू वगैरह से भी बचाती है। राजस्थान के लोग बड़ी-बड़ी पगड़ियाँ क्या बेकार ही पहनते हैं? इनकी वजह से वे बाहर रेगिस्तान में कमज़ोरी महसूस किए बिना काम करते रहते हैं।"

"यह तो हम जानते हैं आजी, लेकिन आपके बारे में हम ज्यादा जानना चाहते हैं। आप जब टेबिल टेनिस की चैम्पियन थीं, तब टूर्नामेन्टों में कैसे कपड़े पहनती थीं? आप हमेशा ट्रॉफ़ियाँ जीतती रहती थीं, तब आपको कैसा लगता था? इन सबके बारे में बताइए न?"

नातिनों की ये बातें बार-बार याद करतीं वे अपने बचपन के दिनों में पहुँच जाती हैं, और उन्हें वह महत्वपूर्ण दिन भी याद आने लगता है...

2

एक विजेत्री का जन्म

जीतना ही सब कुछ नहीं है, लेकिन जीतने की कामना बहुत कुछ है।

–विन्स लोम्बर्डी

2

"चुप हो जाओ अब....आ रहे हैं वे!" मंच पर प्रिंसिपल साहब के कदम रखते ही लड़कियाँ फुसफुसाईं। काग़ज हाथ में लिए, लम्बी नाक पर चश्मा इस तरह चढ़ाए कि वह वहीं अटका रहे, गिरे नहीं, सिर ज़रा-सा तिरछा झुका हुआ, आँखें फ्रेम से ऊपर झाँकती, कॉलेज़ के खचाखच भरे हाल में उत्तेजना से पूर्ण लड़कियों पर उन्होंने एक सरसरी नज़र डाली। फिर, दूसरे प्रिंसिपलों की तरह, जो कोई महत्वपूर्ण घोषणा करने से पहले, हल्का-सा खखारते हैं, उन्होंने गले से आवाज़ निकाली और बोलने की तैयारी की।

"हाय! अब मैं ज्यादा इन्तजार नहीं कर सकती। ये बोलना क्यों नहीं शुरू करते?" पीछे की लाइन से एक लड़की ने फुसफुसाकर कहा। लगा, प्रिंसिपल साहब ने यह टिप्पणी सुन ली हो और महाराष्ट्र स्थित जलगाँव के मूलजी जेठा कालेज के प्रमुख ने अचानक उत्साह से भरकर घोषणा की :

"मुझे यह कहते हुए बहुत खुशी हो रही है कि टेबिल टेनिस प्रतियोगिता की यह ट्राफी इस साल चौथी बार भी हमारी अपनी खास विजेत्री, प्रतिभा पाटिल को प्रदान की जा रही है। बधाई! प्रतिभा...आइए और..."

इसके बाद उनके शब्द घनघोर तालियों, बधाइयों और शोर-

शराबे में डूब गए। लड़कियाँ जोर-जोर से नारे लगा रही थीं, "थ्री चियर्स फॉर प्रतिभा, हिप-हिप हुर्रे! हिप-हिप हुर्रे! हिप-हिप...।" अध्यापक भी तालियाँ बजाकर और हँस-मुस्कराकर उनका साथ दे रहे थे।

जबरदस्त भीड़ और शोर-शराबे के बीच टूर्नामेन्ट की चौथी बार विजेत्री को कक्षा की छात्राओं ने हाथों से पकड़कर ऊपर उठाया और मध्यम लम्बाई, करीने से कढ़े लम्बे बालों, प्लास्टिक का चश्मा लगाए, इस गम्भीर-सी लेकिन आत्मविश्वास से लबालब इस लड़की ने हाथ ऊपर हिलाकर अपनी सहेलियों को धन्यवाद दिया।

प्रिंसिपल साहब ने छात्राओं का ध्यान आकर्षित करने के लिए सिर ऊँचा करके माइक पर उँगली खड़काई और कहा, "प्रतिभा अब मंच पर आएँ और ट्राफी ग्रहण करें।" प्रतिभा अपनी सहेलियों के बीच से आगे बढ़ने लगीं-उनके चेहरे पर सन्तोष था कि उनके कारण उनके कालेज को एक बार फिर शानदार जीत हासिल हुई है।

मंच पर पहुँचकर प्रतिभा ने प्रिन्सिपल साहब से ट्राफी ग्रहण की, तो कैमरे खटाखट उनके फोटो लेने लगे, उनकी फ्लैश लाइटें जलने-बुझने लगीं। "प्रतिभा पर हम सबको अपार गर्व है और...एक और महत्वपूर्ण घोषणा मुझे करनी है..." आवाज़ें और शोर कम हुआ और प्रिंसिपल साहब ने आगे कहा, "आप सबको यह जानकर और भी खुशी होगी कि इंग्लैंड में होनेवाली अन्तर्राष्ट्रीय टेबिल टेनिस प्रतियोगिता के लिए भी प्रतिभा का चुनाव कर लिया गया है।....आप सब ज़ोरदार तालियाँ बजाएँ।...और यह खुशी मनाने के लिए आज हम सब पिकनिक पर जा रहे हैं। ठीक ग्यारह बजे कालेज गेट पर बसें तैयार खड़ी मिलेंगी।"

यह सुनते ही लड़कियाँ पागल खुशी से भरकर पिकनिक जाने के लिए अपनी चीज़ें लेने के लिए दौड़ीं। कालेज के इतिहास में

निश्चय ही यह अत्यन्त महत्वपूर्ण दिन था। 1945 में जब इसकी स्थापना हुई थी तब इसमें केवल 166 छात्र थे। उत्तर महाराष्ट्र का यह सबसे पुराना कालेज था, जो उत्तर महाराष्ट्र विश्वविद्यालय से सम्बद्ध था। लोग सामान्यत: इसे एम. जे. कालेज के नाम से जानते थे, अनेक उतार-चढ़ावों को झेलता यह निरन्तर आगे बढ़ रहा था और इसके छात्रों को बड़े सम्मान की दृष्टि से देखा जाता था। जलगाँव शहर में 25 एकड़ क्षेत्रफल में फैले इस कॉलेज में कला, विज्ञान तथा वाणिज्य, सभी क्षेत्रों में अनेक विषय उपलब्ध थे। शारीरिक शिक्षण-चाहे वह कबड्डी हो, खो-खो हो या टेबिल टेनिस, सभी को समान महत्व दिया जाता था और प्रतिभा इन सबमें समान रूप से रुचि लेती थीं।

जब वह कन्धे पर थैला लटकाकर चलने को हुई तो एक सहेली ने करीब-करीब सौवीं बार सवाल किया, "यह बताओ कि इतनी सफलता तुम्हें कैसे मिल जाती है। मेरा मतलब है कि लगातार चौथी बार तुम्हें यह ट्राफी कैसे मिल गई? ज़रूर तुम्हारा भाग्य तुम्हारी हर बार मदद करता है? तुम बड़ा भाग्य लेकर पैदा हुई हो।"

"भाग्य लेकर कोई पैदा नहीं होता। मेहनत करके सीखना पड़ता है, लगे रहना पड़ता है। और कोई बात नहीं होती।" प्रतिभा ने जवाब दिया। कहा, "चलो, बस में खिड़की की सीट लेते हैं।"

"हम पिकनिक के लिए कहाँ जा रहे हैं? अजन्ता जा रहे हों तो अच्छा हो, मैंने कभी नहीं देखा। तुमने देखा है?"

"नहीं। लेकिन एक दिन की ट्रिप के लिए अजन्ता काफी दूर है। यहाँ से 64 किलोमीटर दक्षिण में है। ज्यादा से ज्यादा इससे आधी दूर ही जा सकते हैं। शायद उत्तर में यावल वाइल्ड लाइफ सैंक्चुअरी जाएँ। अच्छा है, मैं कैमरा साथ लाई हूँ।"

यह बातचीत करती दोनों सहेलियाँ भागकर बस में जा चढ़ीं; गीली जमीन पर उनके पैरों के निशान बन गए थे।

जलगाँव-निवासियों को उस समय क्या पता था कि प्रतिभा उनकी धरती पर भविष्य के दिनों में और भी निशान बनाती रहेंगी। उस समय भी यह धरती दकन प्लेटो के इस उत्तरी भाग में, कृषि की दृष्टि से बहुत उपजाऊ थी, और यह प्रदेश कृषि उत्पादों का महत्वपूर्ण वितरण केन्द्र होने के कारण समृद्ध भी काफी था। ज्वालामुखी की राख और ताप्ती के जल से सिंची पनपी इस भूमि में रूई और ज्वार की अपार पैदावार होती है। इस कारण यहाँ कपड़े और तेल की बहुत-सी मिलें हैं। चाय, केला और सोना भी यहाँ बड़ी मात्रा में उपलब्ध है–कहा जाता है कि देश के सभी जिलों में यह जिला सबसे ज्यादा केला पैदा करता है।

मुम्बई और कोलकाता दोनों दिशाओं में यह नगर रेल और सड़क दोनों के मुख्य राजमार्गों से जुड़ा है। इसका इतिहास भी बड़ा रोचक है। मराठा साम्राज्य के होल्कर परिवार द्वारा नियन्त्रित प्रदेश का यह महत्वपूर्ण भाग था। सन् 1818 में यह ब्रिटिश भारत का अंग बना और 1947 में स्वतन्त्र भारत में शामिल हो गया।

मूलजी जेठा कालेज की लड़कियों को नगर के इतिहास का ज्ञान था, परन्तु इस समय उनका वास्ता इसके भूगोल से था। वे कहाँ जा रहे थे–अजन्ता या यावल? लड़कियाँ शोर मचाती बसों में चढ़ रही थीं और ड्राइवर जल्दी करने के लिए ज़ोर-ज़ोर से हॉर्न बजा रहे थे।

3

कर्त्तव्य की पुकार

मैं स्त्री हूँ, मेरा कोई देश नहीं है।
मैं स्त्री हूँ, सारी दुनिया मेरा देश है।

–वर्जीनिया वुल्फ़

3

"हुकुम सा..."

यह सुनते ही वे सचेत हुईं, चाय का प्याला तश्तरी में टेढ़ा हुआ पड़ा था। चाय काफी देर पहले पी जा चुकी थी और अपनी व्यक्तिगत यादों में खोई वे झपकी लेने लगी थीं। शासन की दैनन्दिन परेशानियों में हर समय उलझे रहने के कारण उन्हें अपनी पारिवारिक और व्यक्तिगत बातों पर ध्यान देने का समय ही नहीं मिलता था, मानो यह कोई विलास हो जिसके लिए उन्हें कोशिश करके समय निकालना पड़ेगा। कार्यालय में उनकी छवि व्यावहारिक और सन्तुलित प्रशासक की थी, व्यक्ति के रूप में भी वे अनुशासन प्रिय और केन्द्रित विचार व्यक्तित्व की स्वामिनी थीं–अपने कर्मचारियों में भी वे यही गुण देखना चाहती थीं।

वृद्ध, सफेद बाल वाले सेवक के इस सम्बोधन से उनकी भृकुटी ज़रा टेढ़ी हुई। माउंट आबू में यह उनकी सेवा के लिए नियुक्त था, और बार-बार मना करने पर भी वह उन्हें "हुकुम" कहता था, जिसे वे सही शब्द नहीं मानती थीं, इसमें उन्हें सेवक के निम्न होने की ध्वनि सुनाई पड़ती थी। वे कर्मचारियों के कुछ श्रेणी-विभाजन को तो स्वीकार करती थीं, लेकिन उनका कहना था कि अनेक शब्द अब अपनी उपयोगिता खो चुके हैं और उन्हें छोड़ दिया जाना चाहिए।

चाय का प्याला और तश्तरी सेवक को पकड़ाते हुए उन्होंने नीची एड़ी के सेंडल पैरों से उतारे और भवन के लॉन पर कुछ देर नंगे पैर टहलने के लिए कुर्सी से उठीं। जयपुर राजभवन के लॉन की अपेक्षा माउंट आबू के इस भवन के लॉन पर टहलना उन्हें ज़्यादा अच्छा लगता था। यहाँ की मुलायम, हरी ठंडी घास उनके पैरों को बड़ा आराम देती थी, मानो पिछले कई दिनों की उनके काम की थकान मिनटों में उनके शरीर और मन से उतर जाती थी। माउंट आबू की दो दिन की यह यात्रा उन्हें बहुत ज्यादा प्रिय थी क्योंकि उन्हें लगता था कि जयपुर की चिलचिलाती गर्मी और राज्यपाल के विविध कार्यों की गहरी थकान से यहाँ आकर उन्हें पूरा आराम और आगे कार्य करने की शक्ति मिल जाएगी। पद की अनेक सुविधाओं में एक यही उन्हें विशेष प्रिय थी और इसका ही भोग करने की वे स्वयं को इज़ाज़त देती थीं।

जयपुर में उनका पिछला सप्ताह बहुत गहमागहमी से पूर्ण रहा था। प्रतिदिन आनेवाले अनेक व्यक्तियों से मिलने, पत्र-व्यवहार करने, ज़रूरी फाइलों व कागज़ातों पर हस्ताक्षर करने के अलावा उन्हें एक दिन के काफी लम्बे टूर पर भी जाना पड़ा था। जयपुर से सवेरे छह बजे निकलकर अलवर की लम्बी यात्रा में उन्हें ऊबड़-खाबड़ रास्तों और अनगिनत गड्ढों से दो-चार होना पड़ा था। वे सोचने लगीं कि गद्देदार स्कार्पियों में उनकी हड्डियों का जब यह हाल हुआ तो सामान्य यात्रियों का क्या हाल होता होगा। उन्होंने अपने ए-डी कैम्प को पहला आदेश यही दिया था कि मुख्यमंत्री से इस सड़क की अविलम्ब मरम्मत कराने का आग्रह करें। अच्छी सड़कों के बिना कैसे यह आशा की जा सकती है कि दूर-दूर गाँवों में बसे आम लोगों तक विकास पहुँच पाएगा?

सफर करते हुए गाड़ी की खिड़की से अलवर के खुश्क ऊजड़ मैदान को देखते हुए उन्हें अपने महाराष्ट्र प्रदेश की याद आने लगी :

महाराष्ट्र और राजस्थान दोनों प्रदेशों में कितना अन्तर है–रंग, बू और जमीन सब में। आकार में लगभग समान होते हुए भी–राजस्थान भारत का सबसे बड़ा प्रदेश है और महाराष्ट्र का स्थान तीसरा है–भौगोलिक दृष्टि से दोनों एकदम भिन्न हैं। महाराष्ट्र को पश्चिमी घाट का वरदान प्राप्त है, जिसकी पहाड़ियाँ समुद्र तट के समान्तर उत्तर से दक्षिण तक खड़ी हैं, जिनके पश्चिम कोंकण का मैदान है और पूर्व में सपाट दोकन प्लेटों तक फैला हुआ है। इस कारण प्रदेश में पानी की कमी नहीं है, पश्चिमी घाट से दक्षिण भारत की तीन प्रमुख नदियाँ निकलती हैं और यहाँ जल का तीसरा बड़ा भंडार है। प्रदेश के उत्तरी भाग में, जो मध्य प्रदेश के समीप है, सतपुड़ा की दूर तक फैली पहाड़ियाँ हैं जो सर्वत्र हरियाली से भरपूर हैं। दकन प्लेटो की काली उपजाऊ मिट्टी में दूर–दूर तक गन्ने के खेत खड़े दिखाई देते हैं–जिनकी उन्हें यहाँ अक्सर याद भी आती है।

इसके बिल्कुल विपरीत, राजस्थान का अधिकांश भाग सूखा और रेतीला है जहाँ दूर–दूर तक जीवन नहीं दिखाई देता, और जिसे थार मरुस्थल या रेगिस्तान कहा जाता है। इसके उत्तर–पश्चिम में, मरुस्थल और अरावली की पर्वत–घाटियों के बीच नुकीले झाड़ों का विस्तृत जंगल फैला हुआ है–जिसके सालाना 400 मिलीमीटर से भी कम वर्षा होती है। गर्मियों में प्रदेश का तापमान 45° सेन्टीग्रेड से भी ज्यादा जा पहुँचता है और सर्दियों में बर्फ के जमाव बिन्दु से भी नीचे चला जाता है।

पिछले तीन सालों में उनकी हड्डियों ने इस गर्मी–सर्दी को बरदाश्त करना सीख लिया है और वहाँ की अपनी भाषा राजस्थानी को भी कुछ–कुछ समझना आरम्भ कर दिया है। यह भाषा ध्वनि तथा प्रभाव दोनों में उनकी मातृभाषा मराठी से बहुत भिन्न है।

उन्हें यहाँ के लोगों द्वारा पहनी जानेवाली रंगीन पगड़ियाँ पसन्द

आने लगी हैं, यद्यपि वे मराठों द्वारा पहनी जाने वाली पगड़ियों से कहीं ज्यादा ऊँची और बड़ी है और इन्हें बाँधने के ढंग भी बिल्कुल अलग हैं। राजस्थानी स्त्रियों द्वारा पहनी जाने वाली रंगीन घाघरा-चोली और ओढ़नियाँ मानो इस सपाट फैले प्रदेश में उनकी जिन्दगी को प्राण प्रदान करती हैं। फिर भी वे लम्बी महाराष्ट्रीय साड़ी पहने स्त्रियों को देखने के लिए तरस जाती हैं, जो उनके शरीरों पर विशेष दक्षता से बाँधी जाती हैं।

परन्तु दोनों प्रदेशों की लोक संस्कृति और संगीत प्रायः एक समान जीवन्त और हलचलपूर्ण है। दोनों प्रदेशों में त्योहार समान उत्साह और धूमधाम से मनाए जाते हैं और सभी लोग घरों में पकवान, मीठे और नमकीन, बनाने में भाग लेते हैं तथा घरों की सजावट इत्यादि सबकुछ एक साथ मिल-जुलकर सम्पन्न करते हैं।

दिनभर की यात्रा के दौरान ऊबड़-खाबड़ सड़क के कारण उन्हें कष्ट तो बहुत हुआ लेकिन युवा छात्राओं के नेत्रों से छलकते अपार उत्साह और प्रखर आशा को देखकर वे इसे बिल्कुल भूल गईं।

अलवर में गौरी देवी गर्ल्स प्राइमरी स्कूल की प्रगति देखकर वे बहुत सन्तुष्ट हुईं, क्योंकि एक साल पहले ही उन्होंने इसकी आधारशिला रखी थीं। पूरी साज-सज्जा में स्कूल की छोटी-छोटी लड़कियों ने वार्षिकोत्सव को बड़े उत्साह से सम्पन्न किया। सीधे तनकर उन्हें सेल्यूट किया और मुख्य अतिथि के लिए नियत उनकी विशिष्ट कुर्सी तक आदरपूर्वक उन्हें ले गईं। अपनी अनेक व्यस्तताओं के बावजूद वे लड़कियों के सभी कार्यक्रमों में उन्हें उत्साहित करने के लिए हमेशा उद्यत रहती थीं, क्योंकि उनका मानना था कि इन्हें अधिक से अधिक समर्थन प्रदान किया ही जाना चाहिए। वे कहती थीं कि लोगों को यह मानने में अभी बहुत ज़्यादा समय लगेगा कि जो हाथ झूला झुलाते हैं, वे ही दुनिया पर शासन भी करते हैं।

समारोहों में सम्मिलित होने के बाद वे इन्टीग्रेटेड स्त्री कम्युनिटी सेन्टर की प्रगति का जायज़ा लेने सरिस्का गईं। स्त्रियों को आर्थिक दृष्टि से आत्मनिर्भर बनाने और उन्हें अपने पैरों पर खड़ा करने के उद्देश्य से इस केन्द्र को चलाया जा रहा था और यहाँ उन्हें ब्लाक-प्रिंटिंक, टाई एंड डाई, कपड़े सीने इत्यादि विविध कार्यों में शिक्षित किया जाता था। इस केन्द्र की एक विशेषता यह थी कि यहाँ स्त्रियाँ अपनी सुविधानुसार सवेरे 9 बजे से लेकर शाम को 6 बजे तक कभी भी सीखने के लिए आ सकती थीं। इसलिए युवा अविवाहित लड़कियों से लेकर शादीशुदा, माताएँ और वृद्धाएँ सभी इसका लाभ उठा सकती थीं। यह काम उन्हें अत्यन्त प्रिय था और कोई भी कठिनाई उन्हें इसमें शामिल होने से विरत नहीं कर सकती थी। इसी कारण उन्होंने मुम्बई में भी नौकरी पेशा स्त्रियों के लिए एक होस्टल की स्थापना की थी और अपने नगर जलगाँव में अंधों के लिए एक इंडस्ट्रियल ट्रेनिंग स्कूल खोला था।

इस कार्यक्रम में भाग लेने के बाद वे ज़िला कमिश्नर के कार्यालय गईं जहाँ उन्हें भूमि के रिकार्ड रखने के लिए कम्प्यूटर लगाने की योजना का निरीक्षण करना था। यहाँ हल्का लंच लेकर वे जयपुर वापस लौटीं। रास्ते में उन्हें ढोसा में रुकना था। यह जयपुर के पूर्व में एक छोटा कस्बा है, यहाँ उन्हें, स्थानीय व्यापार मंडल द्वारा दिए जाने वाले वर्ष के सर्वोत्तम उद्योगशील व्यक्ति को पुरस्कार प्रदान करना था।

इसके बाद उन्होंने जयपुर की ओर रुख किया। काफी थकान हो जाने पर भी रास्ते में अम्बर फोर्ट या आमेर के किले पर जो जयपुर से 11 मील दूर है, उन्होंने एक बार फिर नज़र डालना तय किया–यहाँ आकर उन्हें हमेशा स्फूर्ति मिलती थी। अपने तीन साल के दौरान वे अनेक बार यहाँ से गुजरी थीं लेकिन कभी इसके ऊपर चढ़कर इसे ध्यान से देखने का अवसर नहीं मिला था। इस बार भी ऐसा ही हुआ–फिर कभी सही, सोच कर वे आगे बढ़ गईं।

जयपुर के राजधानी बनने से पहले, यह स्थल अम्बर के कछवाहा वंश का, जो इस प्रदेश पर राज करते थे, केन्द्र था और ऊबड़-खाबड़ पहाड़ी प्रदेश में यह किला शान से खड़ा था। हिन्दू तथा मुगल दोनों स्थापत्यों का इसमें शानदार सम्मिश्रण है, लाल पत्थर और सफेद संगमरमर से बना यह विशाल किला बाहर से अत्यन्त भव्य लगता है। सन् 1600 में राजा मानसिंह ने इसे बनवाया था और अठारहवीं शताब्दी में सवाई जयसिंह प्रथम ने इसे पूरा करवाया था। पहली नज़र में यह ज़रा कठोर लगता है लेकिन भीतर जाने पर स्वर्ग की तरह मनोहर-जिसकी दीवारों पर अनेक प्रकार के चित्र और आकृतियाँ अंकित हैं और कीमती रंग-बिरंगे पत्थर तथा शीशे इसकी शोभा में चार चाँद लगाते हैं।

बहुत साल पहले कालेज की एक ट्रिप में वे यहाँ आई थीं, पर इस स्थल की विशेषताएँ उन्हें अब तक याद थीं। सहेलियों के साथ वे हाथी पर सवार होकर किले तक गई थीं और इस विशाल पशु के ऊपर नीचे होने पर सब डर और आनन्द से किलकारी मारकर सारी चढ़ाई के दौरान चीखती-चिल्लाती रही थीं। इसी तरह समय के बीतने के साथ अपने पालने से निकलकर आज वह यहाँ आ पहुँची हैं।

4

आरंभ के दिन

हम अपने बच्चों को दो ही स्थायी उपहार दे सकते हैं : पहला है संस्कारों की जड़ें, दूसरा है कल्पना के पंख।

–हॉडिंग कार्टर

4

प्रतिभा पाटिल ने अपने जीवन के आरंभिक वर्ष यद्यपि जलगाँव में बिताए थे, उनका जन्म नादगाँव में हुआ था। 19 दिसम्बर, 1934 को एक मराठा, नारायण पागलू राव के यहाँ उनका जन्म हुआ था। पिता को सामान्यतः नाना साहब कहते थे, वे स्थानीय प्रशासन बोर्ड के सदस्य थे। समाज के अन्य लोगों की तरह उन्हें पुत्री होने का दुख नहीं था वे सोचते थे कि बेटी को मैं सर्वोत्तम शिक्षा दिलाने का प्रयत्न करूँगा। मैं जानता हूँ कि जीवन में वह बहुत उन्नति करेगी। उन्हें इस बात का शायद आभास भी रहा होगा। क्योंकि वे अच्छे ज्योतिषी भी थे।

उनकी छह संतानें थीं, जिनमें लड़की वे अकेली थीं और जब उन्होंने प्रतिभा को जलगाँव के आर.आर. स्कूल में पढ़ने भेजा, तो निश्चय ही समाज के लोगों को अचम्भा हुआ होगा, क्योंकि उन दिनों लड़कियों के लिए घर पर रहकर खाना बनाना, सिलाई-बुनाई सीखना, और फिर शादी करके बाल-बच्चे पैदा करना और नानी-दादी बनना ही सहज और सही माना जाता था।

परम्परावादी मराठा परिवार में बड़े होने के कारण प्रतिभा को वह सब देखने, समझने और सीखने का अवसर मिला जो ऐसे परिवारों में होता-किया जाता है, साथ ही आधुनिक शिक्षा से प्राप्त होने वाले

सब लाभ भी उन्होंने अर्जित किए और दोनों का उचित सहमेल अपने जीवन में स्थापित किया। अन्य सब लड़कियों की तरह वे भी रसोईघर से जुड़ी रहकर सभी प्रकार के खाने बनाने, मसालों की विधा इत्यादि से भली-भाँति परिचित हो गईं और उनका निपुणता से उपयोग करना भी सीख गईं। त्यौहारों पर जब तरह-तरह के पकवान बनते, वे अपने छोटे भाई सहित चारों तरफ चक्कर लगाती रहतीं और जब नौकर परातों में भरकर मिठाइयाँ इत्यादि पाकशाला से कमरों में रखने के लिए ले जाते, उनका सबसे पहले जायका चखने के लिए चुपचाप उन पर हाथ साफ भी करतीं और किसी की पकड़ में आने से पहले छज्जे में दौड़कर पहुँच जातीं।

चुपके से मिठाइयाँ खाने के अलावा प्रतिभा को पारम्परिक वेशभूषा में अपने को सजाना भी अच्छा लगता था। मराठी ढंग की साड़ी पहनना उन्हें बहुत प्रिय था और मुलायम सिल्क जरी-गोटे से बने दुपट्टे, सोने-चाँदी के जवाहर और मेल खाते रंग की जूतियाँ-ये सब पहनकर वे अपने को राजकुमारी ही समझने लगती थीं। निश्चय ही दूसरों को भी वे सुंदर लगती होंगी-क्योंकि सन् 1962 में उन्हें 'कॉलेज क्वीन' चुना गया था।

शरीर से तो वे स्वस्थ और सुन्दर थी हीं, उनका बौद्धिक विकास भी अच्छा था और ज्ञान के प्रति उनमें गहरी लगन थी। मूलजी जेठा कालेज से एम. ए. करने के बाद वे कानून की शिक्षा ग्रहण करने मुम्बई चली गईं। वहाँ के सुप्रसिद्ध गवर्नमेन्ट लॉ कॉलेज में, जो देश का सबसे पुराना लॉ कॉलेज था, दाखिला ले लिया।

इस लॉ कॉलेज की स्थापना देश की बौद्धिक प्रगति में मील का पत्थर थी, क्योंकि 1855 में इसकी स्थापना से पहले ब्रिटिश-शासित भारत के कानून की शिक्षा की कोई औपचारिक व्यवस्था नहीं थी। इसके लिए सुप्रीम कोर्ट ऑफ बॉम्बे के तत्कालीन चीफ जस्टिस सर

एर्सकिन पेरी ने कोर्ट के समय के बाद कुछ चुने हुए लोगों को कानूनी ज्ञान देने की व्यवस्था की थी। जब कानून जानने वाले लोगों की जरूरत बढ़ी, तो लोगों ने पैसा इकट्ठा कर स्थानीय एलफिंस्टन इंस्टीट्यूट में पेरी प्रोफेसरशिप ऑफ जूरिस्प्रूडेन्स की स्थापना की। इसके बाद 1855 में गवर्नमेन्ट लॉ स्कूल की स्थापना की गई और डॉ. आर.टी.रेड, एल.एल.बी., पहले पेरी प्रोफेसर नियुक्त किए गए। 1925 में इसे कॉलेज बना दिया गया।

1924 तक स्कूल में कोई कन्या छात्र नहीं थी क्योंकि उन्हें उस समय तक देश में वकील बनने की मान्यता प्राप्त नहीं थी। इस बंधन को तोड़ने वाली पहली महिला कार्नेलिया सोराबजी थीं जिन्हें यूनिवर्सिटी सीनेट ने परीक्षा में बैठने की अनिुमति प्रदान की। फरवरी 1922 में जब डॉ. हरिसिंह गौड़ ने लेजिस्लेटिव एसेम्बली में महिलाओं को वकालत करने का अधिकार देने के आशय का प्रस्ताव प्रस्तुत किया, तब यह बंधन सदा के लिए समाप्त हो गया।

गवर्नमेन्ट लॉ कालेज में प्रतिभा का परिचय एक ऐसी महिला से हुआ जो आजीवन उनकी घनिष्ठ मित्र बनी रहीं। इनका नाम था उषा भौमिक, जो उनके साथ पढ़ती थीं और जिन्होंने बाद में वकालत तो की ही, समाज-सेवा और राजनीति में भी भाग लिया। वे कहती हैं : ''तब प्रतिभा की उम्र 28 साल थी और वे एम.एल.ए. भी बन चुकी थीं। 1967 में जब वे भारतीय ग्रामीण महिला संघ की अध्यक्षता और मैं मन्त्री बनीं, तब हमारी मित्रता परवान चढ़ी।'' वे इतनी घनिष्ठ थीं कि 1999 में जब उषा के पति का देहान्त हुआ तब उन्होंने उनके शव को जो शाल उढ़ाया वह प्रतिभा द्वारा कभी उन्हें भेंट में दिया गया था।

समय बीतने के साथ यह मित्रता बढ़ती ही गई, कम नहीं हुई और इसके भी कई वर्ष बाद जब प्रतिभा के राजनीतिक जीवन का सबसे गौरवमय क्षण आया, तब उनके साथ वही मौजूद थीं। 2007

के जून मास में जब प्रतिभा को नई दिल्ली से राष्ट्रपति पद के लिए उनके नामांकन का पहला संदेश प्राप्त हुआ, तब उषा ही उनके साथ थीं। "मैं उनसे मिलने जयपुर गई हुई थी। हम माउंट आबू से सैलून गाड़ी में वापस आ रहे थे, तब यह सन्देश प्राप्त हुआ। मैं अपने कमरे में आराम करने चली गई थी लेकिन जब यह सन्देश आया, उन्होंने सेविका भेजकर मुझे बुलवा लिया जिससे हम दोनों इस पर बात कर सकें। उषा 29 मई से 17 जून 2007 तक जयपुर में उनके साथ थीं। वे प्रतिभा के चरित्र के कुछ पहलुओं को इस प्रकार उजागर करती हैं : "प्रतिभा बहुत परिश्रमी, स्थिर स्वभाव और किसी भी बात पर डटी रहने वाली स्त्री हैं। अगर आप एक बार उन्हें पसन्द आ जाएँ तो वे सदा के लिए आपकी हो जाएँगी। कोई उनको आपसे अलग नहीं कर सकेगा।"

लॉ कॉलेज की पढ़ाई में काफी समय देना ज़रूरी होने के बाद भी वे खेलों में भाग लेने के लिए समय ज़रूर निकाल लेती थीं। जलगाँव की तरह यहाँ भी इण्टर कालेज टूर्नामेण्टों में भाग लेती रहीं और टेबिल टेनिस के शील्ड जीतती रहीं। अब तक वे विजय मंचों पर खड़े होने की अभ्यस्त हो चुकी थीं, पर अब समय आ गया था जब वे एक और विशेष मंच, विवाह के मंच पर जीवन-साथी के साथ खड़ी हों।

5

एक स्थायी भागीदारी

विवाह का उद्देश्य एक समान सोचना नहीं है, एक दूसरे के साथ मिलकर सोचना है।

–राबर्ट सी. डॉड्स

5

1960 के दशक में स्त्री के लिए विवाह की औसत उम्र अठारह-उन्नीस वर्ष मानी जाती थी। शिक्षित प्रगतिशील परिवारों में यह उम्र कुछ बढ़कर बीस या ज्यादा-से-ज्यादा पच्चीस वर्ष तक पहुँच जाती थी। लेकिन किसी भी दृष्टि से तीस या इससे ज़्यादा उम्र हो जाने पर लोग सोचने लगते थे कि पता नहीं क्या कहानी है। साथ ही, दहेज लेना और देना भी आम रिवाज़ था, भले ही समाज में किसी की स्थिति कुछ भी क्यों न हों।

परन्तु जहाँ तक प्रतिभा के पिता का सवाल था, दहेज उनके लिए समस्या नहीं थी, क्योंकि जब उन्होंने 1962 में पहली बार चुनाव लड़ने का फैसला किया, पिता ने उनसे कहा, "मैंने तुम्हारे लिए कुछ पैसा बचाकर रखा है। लेकिन मैंने तय कर लिया है कि तुम्हारे लिए मैं दहेज नहीं दूँगा। तुम अगर चुनाव लड़ना चाहेगी तो पैसे की ज़रूरत पड़ेगी। उसके लिए तुम इसे खर्च कर सकती हो।"

यूँ प्रतिभा का भी सोचना कुछ ऐसा ही था और उत्तर में उसने कहा, "मैं किसी ऐसे व्यक्ति से शादी नहीं करूँगी जो मेरे पिता से दहेज की माँग करें।" शायद इसी कारण उसे कुछ ज्यादा 31 साल

की उम्र तक इन्तजार करना पड़ा। इसके बाद ही उन्हें सही व्यक्ति प्राप्त हुआ। देवीसिंह रामसिंह शेखावत राजपूत थे। 7 जुलाई 1965 को यह विवाह हुआ। यह जोड़ा एक-दूसरे के लिए सही था क्योंकि वे भी धन के लिए विवाह करना नहीं चाहते थे, शिक्षित पत्नी प्राप्त करना उनकी कामना थी।

देवीसिंह भी महाराष्ट्रीय थे, शिक्षण उनका व्यवसाय था। उनका परिवार कई पीढ़ी पहले राजस्थान के शेखावटी प्रदेश से जलगाँव आकर बस गया था। वे महाराष्ट्र के प्रसिद्ध नगर अमरावती के मेयर भी रहे थे। अमरावती इन्द्र देवता का नगर माना जाता है और उसके साथ रोमांस और देशभक्ति की अनेक कहानियाँ जुड़ी हैं। एक कहानी यह है कि श्री कृष्ण जब रुक्मिणी को उसके विवाह मंडप से लेकर भागे तो वे अमरावती के अम्बादेवी मन्दिर से लेकर कौंडिन्यपुर तक बनी सुरंग के रास्ते वहाँ पहुँचे। यह सुरंग अब भी है हालाँकि बन्द है। इसी तरह जब प्रसिद्ध क्रान्तिकारी भगतसिंह फरार हुए तो तीन दिन तक वे अमरावती में ही छिपे रहे।

देखा जाय तो पति और पत्नी दोनों ही ऐसे स्थानों से आए हैं जो खेल-कूद के लिए विख्यात हैं। प्रतिभा को जलगाँव तथा मुम्बई कालेजों में खेलों की कहानी तो हमें ज्ञात है, देवीसिंह के नगर अमरावती का हनुमान व्यायाम प्रसारक मंडल भी अपने क्षेत्र में बहुत प्रसिद्ध रहा है। सन् 1928 में डॉ. शिवाजी राव पटवर्धन ने इसकी स्थापना की थी और अनेक देशी खेलों के अलावा ताइकवान्डो में भी यहाँ युवकों को प्रशिक्षित किया जाता है। इसमें दो लम्बे दौड़ मार्ग, एक स्टेडियम, एक अन्तर्राष्ट्रीय स्तर का तैरने का तालाब और दो इनडोर स्टेडियम हैं।

देवीसिंह और प्रतिभा दोनों अब जीवन की एक ही डगर पर चल पड़े थे, परन्तु व्यक्तिगत रुचि के अपने अपने क्षेत्रों में वे, एक दूसरे को सहयोग देते हुए, अलग-अलग काम करते रहे। राजपूत बहू ने सिर पर पल्ला ढँकना जारी रखा, परंतु अपना जातिनाम, पाटिल, नहीं छोड़ा, उसे भी उसी प्रकार बनाये रखा। यह चलन आज यद्यपि फिर चल पड़ा है परंतु पचास साल पहले यह निश्चय ही आपत्तिजनक रहा होगा। आज शादी करके स्त्रियाँ बीच में तो अपना जातिनाम बरकरार रखती हैं, अंत में पति का जातिनाम भी लगा लेती हैं। प्रतिभा ने इतने वर्ष पूर्व इससे उलटा ही किया-बीच में पति का नाम लगाया परंतु अंत में अपना ही नाम बनाये रखा-प्रतिभा देवी सिंह पाटिल। उनके छोटे भाई डॉ. जी. एन. पाटिल इसे स्पष्ट करते हुए कहते हैं : 'विवाह के समय तक वे अपने नाम प्रतिभा पाटिल से प्रसिद्ध हो चुकी थीं। तब तक उनकी अपनी राजनीतिक पहचान भी बन चुकी थी। इसे वे खोना नहीं चाहती थीं, इसलिए उन्होंने शेखावत के बजाय पाटिल कहलाये जाना ही पसंद किया।'

विवाह के तुरंत बाद देवी सिंह ने पत्नी को विश्वास दिलाया कि वे उनके राजनीतिक जीवन में दखल नहीं देंगे। इसके बाद वे उनके साथ सहारे के रूप में तो बराबर खड़े रहे परंतु प्रदेश की राजनीति से बिलकुल अलग बने रहे। जब प्रतिभा महाराष्ट्र के वी.पी. नायक मंत्रिमंडल में पहली बार और अकेली महिला मंत्री बनीं, वे उनके साथ रहने के लिए मुंबई चले आये क्योंकि प्रतिभा मंत्रियों को दिये जानेवाले बड़े बंगले में अकेली रहने से झिझकती थीं।

इस प्रकार यद्यपि दोनों को आज तक प्रायः अलग-अलग ही रहना पड़ा, परन्तु दोनों की अनेक रुचियाँ एक समान हैं। दोनों ने मिलकर विद्या भारती शिक्षण प्रसारक मंडल स्थापित किया है जो

जलगाँव और मुम्बई दोनों में कई स्कूल और कॉलेज चलाता है। पति अपनी पत्नी की राजनीतिक उन्नति से प्रसन्न रहते हैं। उनका कहना है, ''मैंने काफी त्याग किया है....लेकिन यह उपयोगी सिद्ध हुआ है।''

पति के अलावा प्रतिभा को विवाह के बाद अपने दूर के परिवारजनों से भी बहुत सहायता प्राप्त होती रही। उनकी दो विधवा मौसियाँ बच्चों की शिक्षा के दिनों तक घर तथा उनकी देखभाल करती रहीं। इस प्रकार कामकाजी माँ को घर चलाने और बच्चे पालने-पढ़ाने की चिन्ताओं से मुक्त रहने की सुविधा मिलती रहीं। बेटा राजेन्द्रसिंह तथा बेटी ज्योति जब बड़े हुए, तब उच्च शिक्षा के लिए देवीसिंह ने उन्हें अपने पास अमरावती बुला लिया।

घर से दूर या साथ किसी भी स्थिति में रहते हुए प्रतिभा हमेशा अच्छी पत्नी, माँ और बाद में नानी-दादी का रोल उसी ध्यानपूर्वक निभाती रहीं जिस तरह वे अपना राजनीतिक जीवन चलाती थीं। यह जानी-मानी बात है कि पुरुष के हृदय तक पहुँचने का मार्ग उसके पेट से होकर जाता है तो खाना बनाने में प्रतिभा अत्यन्त निपुण हैं। उनके बारे में किसी ने ठीक ही कहा है, ''उन्हें झूठ से नफ़रत है और भोजन से प्यार है-और भोजन में उनके प्रिय हैं चावल, घी और कढ़ी। वे जब भी परिवार के साथ होती हैं, स्वयं ही सबके लिए स्वादिष्ट भोजन बनाती हैं।

प्रतिभा के भाई डॉ. जी. एन. पाटिल एक घटना का ज़िक्र करते हैं, ''एक बार हम, ताई, मैं और मौसी अपने मामा से मिलने धुले ज़िले में सिंधखेड़ा जा रहे थे। हमारी उम्र छह साल से ज़्यादा नहीं

रही होंगी। तब सिंधखेड़ा पहुँचने के लिए एक नदी पार करनी पड़ती थी। हमारा खाना, चावल, दाल, कढ़ी साथ था। घर छोड़ते ही ताई ने डिब्बा खोला और कढ़ी चट कर डाली। यह उसे इतनी अच्छी लगी कि वह और माँग करने लगी, बोली, जब तक और नहीं मिलेगी, मैं नदी नहीं पार करूँगी। उसकी ज़िद देखकर मौसी को एक तरकीब सूझी। उसने कहा, नदी पार कर लेगी तो सारी नदी ही कढ़ी बन जाएगी। प्रतिभा ने इस पर सचमुच विश्वास कर लिया और नदी पार कर डाली।''

उनका बेटा राजेन्द्र बताता है कि बचपन में बहुत सारे लोगों का आना-जाना लगा रहने के कारण वे माँ से ज्यादा बातें नहीं कर पाते थे और दुखी रहते थे। माँ कहती थीं कि यह घर तो सबके लिए हमेशा खुला रहेगा। लेकिन उनकी पौत्रियाँ उन पर जान देती हैं। नीलिमा कहती हैं, आजी जब यहाँ आती हैं तो राजनीतिज्ञ नहीं, दादी ही होती हैं। वे मेरी आदर्श हैं, दूसरी लड़कियों की भी हैं।

6

प्रतिभा ताई

शक्ति का सही उपयोग किया जाय, तभी वह लाभदायक होती है।

–एलिज़ाबेथ डोल

6

प्रतिभा पाटिल को उनकी पौत्रियाँ ही आदर्श नहीं मानतीं, उनके नाद गाँव के लोग तो उनकी पूजा ही करते हैं। वे उन्हें ग्रामदेवी मुक्ता माँ के नाम से 'मुक्ता ताई माँ' कहकर ही पुकारते हैं। उनके साथ पढ़े वेंकटेश फड़नीस, जो पत्रकार थे और अब रिटायर हो चुके हैं, कहते हैं, "लोग घरों में उनका चित्र रखते और उसकी पूजा भी करते हैं क्योंकि उन्होंने नादगाँव के लिए बहुत कुछ किया है।"

यह कहने वाले वे अकेले व्यक्ति नहीं हैं। बहुत से ऐसे लोग हैं जो उनकी सहायता के कारण ही अपना जीवन बदल सके हैं और आज मजबूती से अपने पैरों पर खड़े हैं। एक हैं, 35 वर्षीय प्रफुल्लता मोरे जो आठ साल पहले एक सड़क दुर्घटना में अपनी टाँग गँवा चुकी थीं। इसके तुरन्त बाद उनके माता-पिता का भी देहान्त हो गया। कुछ समय तक तो उसके सगे-सम्बन्धियों तथा मित्रों ने उसे अपने साथ रखा, फिर कलानगर के एक मन्दिर में छोड़ दिया।

इसके बाद बांद्रा के श्रम साधना ट्रस्ट होस्टल के लोग उसे अपने यहाँ ले आए और रहने-खाने की सुविधा प्रदान की। प्रफुल्लता के लिए यह घर की तरह है और इसका श्रेय वह प्रतिभा पाटिल को देती है। अब वह चार साल से यहाँ सुखपूर्वक रह रही है और पास के एक मन्दिर में काम भी करती है।

कामकाजी महिलाओं के लिए इस श्रम साधना होस्टल की स्थापना प्रतिभा पाटिल ने 1978 में की थी। उनके बेटे राजेन्द्र शेखावत इसका प्रबन्ध देखते हैं। इसमें 103 कमरों की सुविधा है जिनमें 250 स्त्रियाँ आराम से रह सकती हैं। तेरह वर्षों से यहाँ एकाउंटेन्ट का काम कर रहे ध्यानेश्वर पाटिल बताते हैं कि प्रतिभा जी इसकी फीस कम रखने पर विशेष ध्यान देती हैं जिससे मध्य और निम्न मध्यमवर्ग की स्त्रियाँ भी यहाँ रह सकें। कमरे काफी बड़े और हवादार हैं और यह होस्टल स्थित भी काफी अच्छी जगह पर है, फिर भी एक कमरे में दो व्यक्तियों से 200 रु. मासिक ही लिया जाता है जो अधिक नहीं है। पुणे और दिल्ली में भी ट्रस्ट इस तरह के होस्टल चलाता है, जिससे सॉफ्टवेयर इंजीनियर, सर्जन, एसिस्टेंट कमिश्नर ऑफ पुलिस आदि सभी प्रकार के नौकरी पेशा लोग लाभान्वित होते हैं।

प्रतिभा ने युवा और वृद्ध सभी प्रकार के लोगों की ज़िन्दगी को छुआ है। जन्म ग्राम नादगाँव के बोधवाद तालुका के बुजुर्ग उन्हें 'बेटी' कहकर बुलाते हैं। वे भी अनेक कारणों से उनके प्रति कृतज्ञ हैं। अपने झुर्री भरे मुँह पर मुस्कान लाकर सरजाबाई कहती हैं, "ताई साहेब ने मेरे बेकार पोते को अपने कालेज में नौकरी दी। उनके लिए मैं क्या थी? सिर्फ एक पड़ोसिन। लेकिन मेरे लिए वे बहन हैं।"

गणेश गुरुजी बड़े उत्साह से अपना अनुभव बयान करते हैं, "उन्होंने राममन्दिर की छत बनवाने के लिए एक लाख रुपए दिए।"

पड़ोसी हो या परिवार के लोग, वे सबको ठोस, व्यावहारिक सलाह देती हैं। उनका भतीजा वीरेन्द्रसिंह पाटिल बताता है, "मैं जब पंचायत समिति का अध्यक्ष बना, तब मुझे एक कार चाहिए थी। उन्होंने मुझे सलाह देते हुए कहा, गाड़ी मत खरीदो क्योंकि उसका पेट्रोल खरीदने के लिए तुम गलत काम करके पैसा इकट्ठा करोगे। कार

नहीं, टू-ह्वीलर खरीद लो।" भतीजे ने उनकी बात मानी जिसके कारण आज उसकी छवि साफ है।

उनकी सहायता और सलाह की एक मिसाल विकलांग चिकित्सा के सर्जन डॉ. घनश्याम कोचुरे हैं। ये जलगाँव रेस्टहाउस के गॉर्ड गेंदूलाल यशवन्त कोचुरे के बेटे हैं। जाति से महार हैं। अपने दूसरे बेटे को पढ़ाई में आगे बढ़ते देख पिता ने सोचा कि नादगाँव के स्कूल में बच्चा ज्यादा प्रगति नहीं कर सकेगा, इसलिए उसने जलगाँव अपना तबादला करा लिया। जहाँ अच्छे कॉलेज थे।

डॉ. कोचुरे बताते हैं, "मैं प्रतिभा ताई को पाँच बरस की उम्र से जानता हूँ। मैंने ज़िन्दगी में जो भी हासिल किया है, सब उन्हीं की वजह से संभव हुआ है। उन्होंने बचपन में मुझमें कुछ देखा तो पिता से कहा, लड़का ज़हीन है, इसे पढ़ते रहने की प्रेरणा देना। पिता को किसी सहायता की ज़रूरत होती है तो वे हमेशा उनकी मदद करती थीं।" डॉ. कोचुरे आज जलगाँव में तीस बैड का अस्पताल चलाते हैं और कोई मरीज़ अगर बहुत गरीब है तो उसका इलाज मुफ्त ही करते हैं।

भाई की मिसाल सामने आई तो डॉ. कोचुरे के दूसरे भाइयों ने भी शिक्षा में गहरी रुचि दिखाई और अब जीवन में ऊँचे उठ गए हैं। प्रो. विनोद कोचुरे मुसावल के एक कॉलेज में पढ़ाते हैं। वे कहते हैं : "हमारा पूरा परिवार प्रतिभा ताई के प्रति कृतज्ञ है। उन्होंने एक चौकीदार के बच्चों की ज़िन्दगी बदल दी। हमारे प्रति उन्होंने कभी कोई भेदभाव नहीं किया। हम सब भाई अब उनके आदर्शों का ही पालन करते हैं...मानव की भलाई के लिए काम करना।"

समाज सेवा प्रतिभा पाटिल के जीवन-कार्य का अभिन्न अंग है। बीस वर्ष की आयु से आज तक वे व्यक्तिगत और राजनीतिक दोनों जीवन में इसके प्रति समर्पित रही हैं। राजनीति में अपने प्रवेश को

उन्होंने हमेशा अपने विचारों के अनुसार काम करने का–जिसमें स्त्रियों और बच्चों की भलाई को प्रमुख स्थान प्राप्त है, साधन समझा और इसी के लिए उसका उपयोग किया।

7

राजनीति में प्रवेश

विचार तीर होते हैं परन्तु इन्हें छोड़ने के लिए कमान भी चाहिए। राजनीति आदर्शवाद के तीर की कमान है।

–विल मोयर्स

7

प्रतिभा पाटिल के लिए राजनीति सुपरिचित भूमि रही है, परन्तु इसका बहुत कुछ उन्होंने अपने पिता से प्राप्त किया है। पिता और पुत्री के गुण और रुचियाँ अनेक प्रकार से समान रही हैं। वे भी एडवोकेट थे और एल.एल.बी. करने के बाद प्रतिभा भी जलगाँव में वकालत करने लगी थीं। नारायण राव स्थानीय राजनीति में भाग लेते थे और प्रतिभा का राजनीति में प्रवेश एक घटना के कारण सम्भव हुआ।

सन् 1957 में अपने मार्गदर्शक तथा प्रिंसिपल वाई. एस. महाजन के महाराष्ट्र विधान सभा की सदस्यता के लिए उन्होंने चुनाव-प्रचार किया था–उन्हें कांग्रेस ने खड़ा किया था। प्रतिभा ने स्वयं सेवकों के दल संगठित करके उन्हें प्रचार के लिए प्रचार साहित्य इत्यादि देकर जगह-जगह भेजा था और महाजन की भारी बहुमत से जीत हुई थी। इस कारण राजनीति में उन्हें रुचि पैदा हो गई और ऐसे काम के प्रति उनमें आत्मविश्वास भी जागने लगा। यह अनुभव ही शायद राजनीति में उनके स्वयं प्रवेश का कारण बना।

सन् 1960 में उन्होंने अखिल भारतीय राजपूत परिषद् में एक धाराप्रवाह भाषण दिया, जिसके बाद उनके पिता उन्हें राजनीति में प्रवेश करने के लिए प्रोत्साहित करने लगे। इसके बाद वापस लौटने

का रास्ता मानो बन्द ही हो गया। सन् 1962 में 27 वर्ष की उम्र में ही वे जलगाँव से महाराष्ट्र विधान सभा के लिए चुनी जाकर इस दुनिया में बाकायदा प्रवेश कर गईं। 1962 से 1985 तक वे निरन्तर विधान सभा के लिए चुनी जाती रहीं और कभी कोई चुनाव नहीं हारीं। इस दौरान वे अनेक बार मंत्री भी रहीं और उपमंत्री से आरम्भ करके पूर्ण मंत्री तक अनेक विभागों का–नगर विकास तथा भवन, शिक्षा, पर्यटन, संसदीय कार्य, सार्वजनिक स्वास्थ्य और समाज सेवा, संस्कृति इत्यादि विविध विभागों का कार्यभार सँभालती रहीं।

आरम्भिक वर्षों में उनके राजनीतिक पथप्रदर्शक वरिष्ठ कांग्रेस नेता तथा महाराष्ट्र के पूर्व मुख्यमंत्री यशवंतराव चवान थे। उनकी दूरदर्शी दृष्टि के अधीन 1967 में दूसरी बार चुनाव में जीतकर विधान सभा सदस्य बनने के बाद वसंतराव नायक के मंत्रिमंडल में, प्रतिभा पाटिल को उपमंत्री बनाकर शिक्षा का कार्यभार सौंपा गया। इसके बाद हुए 1972 और 1978 के मंत्रिमंडलों में उन्हें राज्यमंत्री के रूप में मंत्रिमंडल का अंग बना लिया गया।

पुराने दिनों को याद करते हुए उनकी सहयोगी विंसी चाको प्रतिभा के राजनीतिक जीवन के विषय में बताती हैं, "पन्द्रह वर्ष तक महिला कांग्रेस की बम्बई क्षेत्रीय समिति की जब मैं उपाध्यक्ष रही, उस समय प्रतिभा मध्य प्रदेश कांग्रेस कमेटी की अध्यक्षा थीं। अनेक सम्मेलनों तथा मंचों पर हम दोनों साथ रहे। वे छोटे कद की और मृदुभाषी थीं और धुआँधार भाषण देने के स्थान पर सन्तुलित तथा सार्थक ढंग से बोलती थीं।"

वर्तमान घटनाओं के सन्दर्भ में विंसी, जो स्वयं कांग्रेस कार्यकर्मी रही हैं, कहती हैं, "उनमें प्रबन्ध की अच्छी क्षमता है। राष्ट्रपति के रूप में वे सफल सिद्ध होंगी। वे स्त्रियों में हीरा हैं और कई क्षेत्रों में पूर्व राष्ट्रपतियों से ज्यादा काम करके दिखा सकती हैं।"

लेकिन उनकी प्रगति हमेशा ही बहुत अच्छी नहीं रही, विशेष रूप से 1970 के दशक में जो देश तथा शासक कांग्रेस दल के लिए बहुत हलचल पूर्ण समय था। उन दिनों निर्णय लेना काफी कठिन होता था और सफल नेताओं को भी यह समझने में कठिनाई होती थी कि क्या किया जाए, क्या न किया जाए। वेंकटेश फड़नीस, उन दिनों की याद करते हैं जब प्रतिभा पाटिल इन्दिरा गाँधी से मिली थीं। 1970 का साल था और जलगाँव में दंगे हो रहे थे। खचाखच भरी सभा में इन्दिरा गाँधी ने घोषणा की कि वे प्रतिभा पाटिल पर पूरी तरह विश्वास करती हैं और वे शीघ्र ही जलगाँव में शान्ति स्थापित कर देंगी। उस समय प्रतिभा महाराष्ट्र सरकार में मात्र एक उपमंत्री थीं।

जब 1977 का साल समाप्त होने को आया, कांग्रेस में लोगों की संस्था के प्रति प्रतिबद्धता की परीक्षा हो रही थी। 1975 से 1977 तक आपात्काल लगा रहा था और इन्दिरा गाँधी पराजित हो चुकी थीं। कांग्रेस (इन्दिरा) में विभाजन होने लगा था। कर्नाटक के नेता देवराज अरसु ने अपनी अलग पार्टी बना ली थी जिसमें वरिष्ठ महाराष्ट्रीय नेता शरद पवार के साथ अनेक छोटे नेता भी सम्मिलित हो गए थे। जुलाई 1979 में जब पुरोगामी लोकदल के अध्यक्ष के रूप में शरद पवार पहली बार महाराष्ट्र के मुख्यमंत्री भी बने, प्रतिभा पाटिल ने कांग्रेस (इन्दिरा) नहीं छोड़ी और जनसंघ के सदस्यों के साथ गठबंधन करके विरोधी पक्ष की नेता बन गईं। कांग्रेस के प्रति उनकी वफादारी से राजीव गाँधी बहुत प्रभावित हुए और सोनिया गाँधी ने भी इसे याद रखा।

एक मनोरंजक तथ्य यह है कि जिस तारीख को प्रतिभा ताई का जन्म हुआ था–19 दिसम्बर, 1977 में उसी दिन जनता पार्टी के शासन में इन्दिरा गाँधी को गिरफ्तार किया गया। कांग्रेस के अनेक निष्ठावान नेता-कार्यकर्ता हवा बदलती देख तुरन्त रंग बदलने लगे, लेकिन प्रतिभा ने ऐसा कुछ भी करने से इनकार कर दिया। कलक्टर के

कार्यालय तक मार्च करके उन्होंने कहा, "आप मुझे भी गिरफ्तार कर सकते हैं। यदि इन्दिरा जी जेल जाती हैं तो मैं भी जाने को तैयार हूँ।"

कलक्टर रामाराव ने उन्हें समझाने की कोशिश की, "प्रतिभा जी, सुनिए। आप नहीं जानतीं, आप क्या कह रही हैं। भावुक होने की ज़रूरत नहीं है। आप चाहती हैं तो मैं गिरफ्तार कर लेता हूँ–लेकिन यह बात कागज पर ही रहेगी। आप चुपचाप घर जा सकेंगी। आप ज़रा समझदारी दिखाइए।"

प्रतिभा का उत्तर था, "आप मुझे झूठी बनाना चाहते हैं! ऐसा नहीं होगा, न मैं जमानत माँगूगी। मैं जेल ज़रूर जाऊँगी।"

यही हुआ। दस दिन बाद इन्दिरा गाँधी को छोड़ दिया गया, तो प्रतिभा जी जेल से बाहर आ गईं। इस प्रकार इन्दिरा गाँधी के परिवार के साथ प्रतिभा पाटिल का घनिष्ठ सम्बन्ध स्थापित हो गया। इन्दिरा जी के वे दिन कठिन ही चल रहे थे और प्रतिभा उस समय भरसक उनकी सहायता करती रहीं। संजय गाँधी की विमान दुर्घटना में मृत्यु के बाद उन्होंने इन्दिरा जी के रसोईघर का भी भार सँभाल लिया था।

1981 में जब कांग्रेस (इन्दिरा) फिर सत्ता में आई तब प्रतिभा पाटिल का नाम महाराष्ट्र के मुख्यमंत्री के रूप में भी सामने आया, लेकिन यह पद संजय गाँधी के घनिष्ठ होने के कारण ए. आर. अन्तुले को दे दिया गया। उन्हें भ्रष्टाचार के आरोपों के कारण बहुत जल्द कुर्सी छोड़नी पड़ी। इसके बाद वसन्त दादा पाटिल के मंत्रिमंडल में प्रतिभा को पूर्ण मंत्री बना दिया गया।

1985 में वे राज्यसभा की सदस्य निर्वाचित हुईं और दूसरे ही वर्ष उन्होंने एक और मील का पत्थर छुआ–वे राज्यसभा की उपाध्यक्ष चुन ली गईं। इस पद पर वे 18 नवम्बर, 1986 से 5 नवम्बर 1988 तक रहीं। दो वर्ष की इस अवधि के दौरान वे संसद की विशेषाधिकार

समिति की अध्यक्षा भी रहीं।

उस समय महाराष्ट्र प्रदेश कांग्रेस कमेटी के अध्यक्ष प्रभुराव से उनके मतभेद चल रहे थे। राजीव गाँधी ने स्थिति की समीक्षा की और उन्हें कमेटी का अध्यक्ष बना दिया (1988-90)।

1990 में उनकी राज्यसभा की सदस्यता समाप्त हो गई। अगले वर्ष में अपने पति के नगर अमरावती से–वे जहाँ के मेयर रह चुके थे–लोक सभा का चुनाव लड़कर दसवीं लोकसभा की सदस्य बन गईं। अब वे राष्ट्र की सबसे बड़ी सभा की सदस्य थीं और अपने कार्य तथा उत्साहपूर्ण प्रचार के कारण उन्हें यह स्थान प्राप्त हुआ था।

प्रतिभा अपने इन चौंतीस वर्षों के राजनीतिक जीवन में कभी चुनाव नहीं हारी थीं और प्रदेश से केन्द्र तक आ पहुँची थीं। उन्होंने सोचा कि यह पर्याप्त है और अब 1996 में जब लोकसभा की सदस्यता समाप्त होगी तब वे और चुनाव नहीं लड़ेंगी और एक तरह राजनीतिक जीवन से विराम लेकर आराम करेंगी, ज्यादा से ज्यादा प्रदेश में प्रचार आदि का कार्य करती रहेंगी।

लेकिन राजनीति से अलग होने पर भी समाज सेवा के अनेक कार्यों से उनका गहरा जुड़ाव समाप्त नहीं हो सकता था। उनका परिवार स्कूल, कॉलेज, तकनीकी शिक्षण संस्थान इत्यादि अठारह शिक्षा संस्थाएँ चला रहा था। 1974 में उन्होंने प्रतिभा महिला सहकारी बैंक की स्थापना की थी जिससे स्त्रियों को आर्थिक विकास की सुविधाएँ प्राप्त हो सकें और कामकाजी स्त्रियों के लिए होस्टलों का भी आरम्भ किया था। इसके अलावा किसानों की उन्नति में भी उनकी बहुत रुचि थी और कुछ लोगों के साथ मिलकर उन्होंने जलगाँव में संत मुक्ताबाई सहकारी साखर कारखाना लिमिटेड की स्थापना की थी।

लेकिन नियति उनके लिए कुछ और ही सोच रही थी।

नवम्बर, 2004 में कांग्रेस नेताओं की उन पर फिर नज़र गई और राजनीति से विश्राम कर रही प्रतिभा को राजस्थान का राज्यपाल पद संभालने का निमन्त्रण दे दिया। इस प्रकार वे राजस्थान की पहली महिला राज्यपाल बनीं। वसंत दादा पाटिल के बाद वे दूसरे महाराष्ट्रियन के रूप में इस पद पर आसीन हुईं। मनोरंजक तथ्य यह भी है कि इस समय राजस्थान की मुख्यमंत्री भी एक महिला थीं–वसुंधरा राजे और विधानसभा के स्पीकर पद पर भी एक महिला–सुमित्रा सिंह–सुशोभित थीं।

इस नियुक्ति से उनकी राजनीतिक प्रतिष्ठा में तो वृद्धि हुई तथा उच्चतर भविष्य के भी संकेत मिलने लगे।

८

राजस्थान की राज्यपाल

सच्ची राजनीति–केवल राजनीति भी–जिस भी राजनीति को मैं पसन्द कर सकूँगा, अपने चारों ओर रह रहे लोगों की सेवा करने का अवसर प्राप्त करना ही है। समाज की सेवा और उन सभी लोगों की सेवा जो हमारे बाद यहाँ आएँगे। इसकी जड़ें गहरी नैतिकता में ही हैं, क्योंकि यह एक दायित्व है जिसे कार्य के द्वारा पूर्ण करना है, सबके प्रति और सबके लिए।

–वाक्लाव हेवेल

8

अपने समग्र राजनीतिक जीवन के दौरान प्रतिभा पाटिल शान्त स्वभाव, अविवादास्पद और मीडिया से दूर रहने वाली व्यक्ति के रूप में रही थी परन्तु राजस्थान को राज्यपाल बनने के बाद उनके व्यक्तित्व का एक बिल्कुल नया पहलू सामने आया। यहाँ संवैधानिक रूप से सही निर्णय लेने पर उनका आग्रह इतना अधिक होता था कि इसके लिए वे अपनी राजनीतिक प्रतिष्ठा भी दाँव पर लगा सकती थीं– चाहे विरोधी दल या उनकी अपनी ही पार्टी भी नाराज़ क्यों न हो जाय, वे किसी प्रकार के दबाव को मानने के लिए तैयार नहीं थीं।

राज्यपाल के रूप में जब उन्होंने 7 अप्रैल 2006 को राजस्थान विधान सभा द्वारा पारित धार्मिक स्वतन्त्रता विधेयक 2006–जिसका पहले नाम राजधर्म स्वातन्त्र्य विधेयक था–बिना हस्ताक्षर किए वापस कर दिया, तो बहुत से लोग चकित और नाराज़ हुए। राजस्थान सरकार ने यह विधेयक यह कहते हुए प्रस्तुत किया था कि अनेक धार्मिक और अन्य संस्थाएँ तथा व्यक्ति धन अथवा दूसरे लालच देकर, धोखेधड़ी अथवा ज़ोर–जबरदस्ती से लोगों का धर्म–परिवर्तन कराने में लगे हैं। इसलिए इस विधेयक की आवश्यकता है।

भारत में राज्यपाल की सामान्यतया किसी राज्य का नाम मात्र का प्रमुख माना जाता है, जिसका काम केवल यह देखना होता है कि

संविधान की धाराओं का पालन किया जा रहा है या नहीं, और वह विधानसभा द्वारा पारित सभी विधेयकों पर हस्ताक्षर करने से इनकार नहीं करता। राज्यपाल प्रतिभा पाटिल ने इस विधेयक पर हस्ताक्षर करने से यह कहकर इनकार कर दिया कि उनके अनुसार इसकी कुछ धाराएँ बोलने और अभिव्यक्ति की स्वतन्त्रता तथा इच्छानुसार किसी भी धर्म को मानने, उसका आचरण तथा प्रचार करने की मौलिक अधिकारों का उल्लंघन करती हैं। उन्होंने कहा कि प्रतिनिधि यदि चाहें तो इसे राष्ट्रपति के पास स्वीकृति के लिए भेज सकते हैं। भारतीय संविधान की धारा 200 के अन्तर्गत राष्ट्रपति उन विधेयकों पर हस्ताक्षर कर सकते हैं। जिन पर राज्यपाल ने हस्ताक्षर करने से इनकार कर दिया हो।

इस पर प्रतिक्रिया करते हुए राजस्थान के कानूनमंत्री घनश्याम तिवारी ने कहा, "राज्यपाल का यह वैधानिक कर्त्तव्य था कि विधान सभा द्वारा पारित विधेयक पर हस्ताक्षर करें।" उन्होंने कहा कि यदि मंत्रिमंडल स्वीकृति देता है तो राज्यपाल के पास इसे पुनः भेजा जा सकता है। समाज कल्याण मंत्री मदन दिलावर ने कहा, "हमारे काम रुक गए हैं। राज्यपाल के इस इनकार के कारण राजस्थानी समाज कष्ट भोग रहा है।"

दूसरी ओर, अनेक ईसाई संस्थाओं, जैसे ऑल इंडिया क्रिश्चियन कौंसिल, क्रिश्चियन लीगल एसोसिएशन ऑफ इंडिया तथा मानवाधिकार संस्थाओं जैसे पीपुल्स यूनियन आव सिविल लिबर्टीज ने उनके इस निर्णय पर सन्तोष व्यक्त किया। उनके अनुसार यह धर्म-परिवर्तन विरोधी बिल कानून बन जाने पर हिन्दुत्ववादियों के लिए ईसाई कार्यकर्त्ताओं के विपरीत मुझे आरोप लगाना बहुत आसान हो जाएगा। बिल में प्रावधान था कि शिकायत की जाने पर उसकी जाँच शुरू करने से पहले ही आरोपी को गिरफ्तार कर लिया जाय।

उनका यह भी कहना था कि बिल में हिन्दू से ईसाई बनाए जाने को एक दृष्टि से देखा गया है और ईसाई से हिन्दू बनाए जाने को दूसरी दृष्टि से देखा गया है, जो संविधान की धारा 14 का, जिसमें हर व्यक्ति को कानून की दृष्टि में समान माना गया है, उल्लंघन है।

बिल में ईसाई या किसी अन्य मत से हिन्दू धर्म में पुनः परिवर्तन के विषय को यह मानकर छोड़ दिया गया था कि अपने पूर्वजों के धर्म को फिर स्वीकार कर लेना धर्म-परिवर्तन नहीं है।

इन संस्थाओं ने यह भी चेतावनी दी कि अन्य धर्मों के लोगों में किसी भी प्रकार के समाज कल्याण कार्य को हिन्दुत्ववादी फुसलाने की संज्ञा देकर उसका विरोध कर सकते हैं–इसकी परिभाषा काफी ढीले ढंग से इस प्रकार की गई थी, "किसी भी उपहार अथवा उपयोगी वस्तु के द्वारा, धन देकर या कोई वस्तु देकर या लाभ की कोई सामग्री देकर अपनी ओर आकृष्ट करना।"

इसी प्रकार 'बलपूर्वक' की परिभाषा में 'ईश्वरीय कोष की धमकी' को सम्मिलित किया गया था जिसके अनुसार किसी भी ऐसे ईसाई साहित्य पर प्रतिबन्ध लगाया जा सकता था जो स्वर्ग और नरक की चर्चा करते हैं, पाप के परिणाम से आगाह करते हैं या ईसा मसीह के सम्बन्ध में कुछ दावे करते हैं।

इसी प्रकार धर्म-परिवर्तन कराने का प्रयत्न करने वालों और धोखा, लालच या भय के द्वारा यह काम कर चुके लोगों, दोनों के लिए समान दंड का प्रावधान किया गया था। इसके विपरीत सभी भारतीय कानूनों में अपराध करने वालों के लिए अधिक दंड का और अपराध का प्रयत्न करने वालों के लिए उससे कम दंड का प्रावधान है।

नेशनल कौंसिल ऑफ चर्चेज़ इन इंडिया के मंत्री इनोस दास

प्रधान ने बिल की आलोचना करते हुए उसे 'भारत' के ईसाइयों को परेशान करने का यंत्र' घोषित किया। इस प्रकार के सभी आरोपों का प्रतिवाद करते हुए राजस्थान के अनेक कानूनविदों ने बिल को राज्य में धार्मिक समरसता और नागरिक शान्ति और स्थिरता के लिए आवश्यक बताया।

ऑल इंडिया क्रिश्चियन कौंसिल के महामंत्री जॉन दयाल ने एक लम्बा वक्तव्य देकर राज्यपाल प्रतिभा पाटिल के कार्य का समर्थन किया। उन्होंने कहा, "हम राज्यपाल प्रतिभा पाटिल को धन्यवाद देते हैं कि उन्होंने न केवल ईस:ई समाज को, बल्कि समग्र सेकुलर राजनय की इस देशव्यापी चिन्ता पर समुचित ध्यान दिया कि इस विधेयक का उद्देश्य देश के समाज को धार्मिक आधार पर विभाजित करना तथा उसकी सेकुलर मान्यताओं और क्रियाकलापों पर जबरदस्त आघात करना है। भारत के संविधान में निहित लोकतन्त्र और सेकुलरवाद के मूल्यों की, जिनके लिए वह सारी दुनिया में विख्यात है, यह विजय है।

इस विषय की ओर पोप बेनेडिक्ट XVI का भी ध्यान गया और उन्होंने वेटिकन में भारत के नए राजदूत अमिताभ त्रिपाठी से भेंट करके कहा कि भारत को धार्मिक स्वतन्त्रता के मौलिक अधिकार को कम करने के सभी प्रयत्नों पर सख्त रोक लगाना चाहिए। उन्होंने देश के कुछ प्रदेशों में बढ़ती असहिष्णुता के प्रति भी चिन्ता व्यक्त की।

राजस्थान विश्वविद्यालय से जुड़े समाजशास्त्री प्रोफेसर राजीव गुप्त ने यह विचार व्यक्त किया, "यदि यह धर्म परिवर्तन विरोधी विधेयक लागू कर दिया जाता तो राजस्थान में साम्प्रदायिक नफ़रत का युग ही आरम्भ हो सकता था। प्रतिभा पाटिल इस गम्भीर सम्भावना से अवगत थीं। इसलिए उन्होंने विधेयक पर हस्ताक्षर करने से इनकार कर दिया और संविधान के रक्षक का रोल अदा किया।"

मई 2006 में यह बिल प्रतिभा पाटिल को पुनः भेजा गया जिसमें यह कहा गया कि इस प्रकार के विधेयक आज से चालीस साल पहले मध्यप्रदेश और उड़ीसा में कांग्रेस के ही शासनों में पारित किए गए हैं और सर्वोच्च न्यायालय ने भी उन्हें सही ठहराया है। इसके बाद ऐसा ही एक विधेयक हिमाचल प्रदेश के कांग्रेस शासन में अभी हाल ही में सन् 2006 में ही धार्मिक स्वतन्त्रता विधेयक के नाम से पारित किया गया है और वहाँ के राज्यपाल ने उस पर हस्ताक्षर कर दिए। भारतीय संविधान के निर्माता डॉ. भीमराव अम्बेडकर ने उसके अनुच्छेद 25 की रचना करते समय कहा था कि धार्मिक परिवर्तनों के विषय में कानून बनाने का अधिकार राज्यों के लिए ही छोड़ दिया जाना चाहिए।

राज्यपाल प्रतिभा पाटिल ने इसके एक वर्ष बाद यह विधेयक राष्ट्रपति डॉ. अब्दुल कलाम के पास भेजा–और यह दिन राज्यपाल पद से उनके त्यागपत्र देने से पहले का ही दिन था। अब विडम्बना यह है कि इस बीच डॉ. अब्दुल कलाम पद त्याग कर चुके हैं और वे स्वयं राष्ट्रपति पद पर विद्यमान हैं और अब स्वयं उन्हीं को इस समस्या का समाधान करना पड़ेगा।

उनकी विचार-स्वतन्त्रता का दूसरा उदाहरण मई, 2007 में हुए गुर्जर समाज के दंगों से मिलता है। जिसमें 25 लोगों की जानें चली गईं–वे इस बात को लेकर आन्दोलन कर रहे थे कि उन्हें जनजाति के रूप में स्वीकार किया जाय। इस सम्बन्ध में भाजपा की राजे सरकार को परेशान करने के लिए कांग्रेस ने माँग की कि प्रदेश में राष्ट्रपति शासन लागू किया जाय। राज्यपाल के रूप में श्रीमती पाटिल ने वसुंधरा राजे से व्यक्तिगत रूप से दृढ़तापूर्वक बातचीत की परन्तु उन्होंने कांग्रेस के दबाव में आने से इनकार कर दिया। राजस्थान उच्च न्यायालय के सेवानिवृत्त न्यायाधीश पानचंद जैन का कहना है, "उन्होंने इस अवसर पर राजनीतिक प्रौढ़ता का परिचय दिया और मुख्यमंत्री वसुंधरा राजे

को दृढ़ता से कानूनी व्यवस्था लागू करने की राय दी। प्रतिभा जी ने बड़ी कुशलता से अपना संवैधानिक दायित्व पूरा किया। किसी ने उनके बारे में सही टिप्पणी की–"गर्म कुर्सी पर वे ठंडी महिला की तरह विराजमान हैं।"

स्पष्ट है कि प्रतिभा पाटिल सही निर्णय लेने से डरती नहीं हैं, इस कारण अपने सहायकों और कर्मचारियों में वे लोकप्रिय हैं, जो उन्हें 'भद्र तथा नम्र' मानते हैं। उनके स्टाफ के एक व्यक्ति का कहना है, "वे सब जानकारियाँ लेती रहती हैं और आर्थिक सुधारों तथा शिक्षा विषयों पर काफी पढ़ती रहती हैं।" कामों में वे पूर्णतावादी हैं। इस व्यक्ति ने यह भी बताया कि उनके भाषण तैयार करने वालों से वे आग्रह करती हैं कि विस्तृत अध्ययन् के बाद ही उन्हें तैयार किया जाय। अपने लिए लिखे भाषणों में वे अक्सर अनेक तब्दीलियाँ भी करती हैं।

उनके व्यवहार में मानवता का स्पर्श है। राजभवन के कर्मचारी उन दिनों की याद करते हैं जब वे सीमाएँ तोड़कर भी उनकी सहायता करती थीं। असिस्टेंट पब्लिक रिलेशन्स ऑफिसर लोकेश शर्मा ने बताया कि जब राजभवन के धोबी के बेटे की मृत्यु हुई, तो प्रतिभा जी सांत्वना देने उसके घर गईं। उसकी आर्थिक सहायता की और स्वैच्छिक पद त्याग का परामर्श दिया। इसके बाद यह कार्य उसकी बहू को दे दिया गया।

राजस्थान की राज्यपाल गाँवों के गरीबों की शिक्षा के लिए चुपचाप स्थायी रूप से कार्य करती रही हैं। उनका मानना है कि हमारा देश आर्थिक प्रगति तो कर रहा है परन्तु आर्थिक दृष्टि से अन्तर भी बढ़ते जा रहे हैं। हमें इसका उपाय करना है।

प्रतिभा पाटिल की इस विषय में भी गहरी रुचि है : स्त्रियों का शक्तिकरण। राजभवन में उनका द्वार ऐसे सभी लोगों और संगठनों

के लिए हमेशा खुला रहा जो स्त्री शक्तिकरण सम्बन्धी किसी भी विषय पर उनसे मिलना चाहते हों। युद्धों में मारे गए राजस्थानी सैनिकों की विधवाओं के कल्याण में भी वे हमेशा गहरी दिलचस्पी लेती रहीं। वे स्वयं उन्हें पत्र लिखती थीं और उनके लिए क्या किया जा रहा है, इस पर नजर रखती थीं।

क्या इसमें भविष्य का संकेत छिपा था? अब देश के राष्ट्रपति के रूप में सेना के कमांडर-इन-चीफ़ के रूप में उन्हें इनका दायित्व ग्रहण करना होगा।

9

अब राष्ट्रपति

यह दुनिया एक नाटक का मंच है, औरतें और आदमी सब अभिनेता भर हैं, वे आते हैं, और चले जाते हैं। हर आदमी क़ई कई पात्रों की भूमिका निभाता है।

–शेक्सपियर

9

राष्ट्रपति का पद भारत का सर्वोच्च पद है और राष्ट्रपति भवन–रायसीना पहाड़ी पर 340 कमरों का, फ्रांस के सम्राट लुई चौदहवें के महल वरसाई से भी बड़ा भवन–देश का सबसे महत्वपूर्ण डाक का पता है। यहाँ रहने वाले भारत के प्रथम नागरिक का गौरव प्राप्त करने के लिए व्यक्ति को पूर्ण निष्ठावान तथा उसका चरित्र नितान्त स्वच्छ होना अनिवार्य है।

इस अत्यन्त विशाल भवन में रहने के लिए प्रयत्न करने वाली पहली महिला भी महाराष्ट्रियन ही थी–मनहोहरा होलकर। 1967 में हुए राष्ट्रपति चुनाव में आठ प्रत्याशी खड़े हुए थे जिनमें वह एक प्रत्याशी थीं। उसे एक भी वोट नहीं मिला–विजेता थे डॉ. जाकिर हुसैन, देश के पहले मुस्लिम राष्ट्रपति।

इस पद के लिए खड़ी होने वाली दूसरी महिला थीं गुरचरन कौर–उसका नतीजा कुछ अच्छा रहा। वह 1969 में वराह वेंकट गिरि के खिलाफ खड़ी हुईं और पाँचवाँ स्थान प्राप्त किया। चुनाव में पन्द्रह प्रत्याशी खड़े हुए थे। गुरचरन कौर को 940 मत प्राप्त हुए और गिरि 401,515 मत प्राप्तकर राष्ट्रपति बने।

2002 में वामदलों ने आई. एन. ए. की प्रसिद्ध कैप्टेन लक्ष्मी सहगल को चुनाव में खड़ा किया और उन्हें 107366 मत प्राप्त हुए।

इसके विपरीत ए.पी.जे. अब्दुल कलाम 922,844 मत प्राप्त कर राष्ट्रपति बने। इसलिए, यह कहना सही न होगा कि महिलाओं द्वारा राष्ट्रपति की कुर्सी पर बैठने का प्रयत्न ही नहीं किया गया।

प्रश्न यह है कि प्रतिभा पाटिल इस चुनाव में कैसे शामिल हुईं? विशेषकर ऐसे समय में जब वे राजनीति से लगभग अलग हो चुकी थीं। ज़्यादातर लोग यही सोचते थे कि अपने निर्दोष कार्य, वैज्ञानिक गरिमा तथा बच्चों सहित छोटे और बड़े सभी के बीच जबरदस्त लोकप्रियता के कारण डॉ. अब्दुल कलाम को दोबारा राष्ट्रपति पद के लिए स्वीकार कर लिया जाएगा अथवा उपराष्ट्रपति भैरोंसिंह शेखावत इस पद के लिए चुन लिए जाएँगे।

केन्द्र में सत्तारूढ़ दल संयुक्त प्रगतिशील गठबंधन (संप्रसग) अन्तिम समय तक एक के बाद दूसरे नाम को अस्वीकार करता रहा। गृहमंत्री शिवराज पाटिल के पुट्टपर्थी के सत्य साईं बाबा के साथ जुड़े होने तथा वामदलों द्वारा उनके नाम का समर्थन न किए जाने के कारण उनको राष्ट्रपति बनाने का प्रस्ताव अस्वीकार कर दिया गया। सप्रंग ने इस पद के लिए सात से नौ तक नाम सुझाए। जब शिवराज पाटिल का नाम नहीं माना गया तब सोनिया गाँधी ने किसी महिला को राष्ट्रपति बनाने का सुझाव पेश किया। उन्होंने तीन नाम प्रस्तुत किए : मोहसिना किदवई, निर्मला देशपांडे और प्रतिभा पाटिल। पहला नाम, जिनके लिए सोनिया गाँधी के मन में हमेशा इज्जत रही थी, इस कारण गिर गया क्योंकि वे मुसलमान हैं और निवर्तमान राष्ट्रपति का धर्म भी वही है। निर्मला देशपांडे गाँधीवादी हैं लेकिन इस पद के लिए यही पर्याप्त नहीं माना गया। अब रह गईं प्रतिभा पाटिल, जिनके लिए लगा कि वे सभी दृष्टियों से उपयुक्त हैं–वे गाँधी परिवार के समीप रही हैं और कठिनाई के दिनों में भी उन्होंने उसका साथ नहीं छोड़ा, जाति भी उनकी, लेबर पाटिल, सही है और वे राजस्थान की राज्यपाल हैं।

मनोरंजक तथ्य यह है कि सोनिया गाँधी ने अपना मत प्रधानमंत्री

मनमोहन सिंह को काफी देर से, 14 जून 2007 को बताया, कि देश की आजादी की 60वीं जयंती पर किसी महिला को ही राष्ट्रपति बनाना उचित होगा। प्रतिभा पाटिल के नाम के प्रति यद्यपि नेताओं की प्रतिक्रिया विविध थी–प्रकाश करात ने कहा कि वे उनके बारे में 'ज़्यादा नहीं जानते', सी. पी. आई. के ए. जी. वर्धन के अनुसार उनका चुनाव 'बहुत बढ़िया' है। यह नाम मानो लोगों के पलक झपकने से पहले ही स्वीकार कर लिया गया।

इसके बाद जब निर्णय का समय आया, देश की भावना मिली-जुली थी। रायसीना हिल पर क्या सचमुच महिला विराजमान होगी? क्या वे इस पद के उपयुक्त हैं? क्या वे राष्ट्रपति पद की गरिमा बनाए रख सकेंगी?

भारत का राष्ट्रपति बनने के लिए किन योग्यताओं की ज़रूरत होती है? ये हैं, उसे भारत देश का नागरिक होना चाहिए, आयु कम-से-कम 35 वर्ष हो, लोकसभा का सदस्य हो और भारत सरकार का कोई लाभदायी पद उसके पास न हो। इस अन्तिम आवश्यकता से कुछ स्थितियाँ मुक्त भी हैं : वर्तमान उप-राष्ट्रपति, किसी प्रदेश का राज्यपाल और केन्द्र अथवा किसी राज्य का कोई भी मंत्री। यदि इनमें से कोई राष्ट्रपति चुना जाता है तो उसे नया पद स्वीकार करते समय अपना पिछला पद छोड़ देना होता है।

राष्ट्रपति का चुनाव केन्द्रीय लोकसभा तथा राज्यसभा और राज्यों की विधान सभाओं के सदस्य मिलकर करते हैं। प्रत्येक सदस्य को उसके प्रदेश की जनसंख्या तथा विधान सभाओं में सदस्यों की संख्या के आनुपातिक आधार पर यह निर्धारित किया जाता है कि उसके गणनीय कितने होंगे। राष्ट्रीय लोकसभा तथा प्रादेशिक विधान सभाओं के सन्तुलन का भी इस मत संख्या पर प्रभाव पड़ता है। यदि चुनाव में किसी एक सदस्य को बहुमत प्राप्त नहीं होता तो एक विशिष्ट विधि के अनुसार कम मत प्राप्त करने वाले व्यक्तियों को एक के बाद एक

हटाते रहकर उनके द्वारा प्राप्त मतों को अन्य प्रत्याशियों में विभाजित किया जाता है और इस प्रक्रिया को तब तक करते रहकर, जब तक कि एक प्रत्याशी को स्पष्ट बहुमत प्राप्त न हो जाए। अन्तिम निर्णय किया जाता है। राष्ट्रपति का सामान्य कार्यकाल पाँच वर्ष होता है और वह दोबारा चुनाव के लिए खड़ा हो सकता है।

यद्यपि राष्ट्रपति का कार्य ज्यादातर औपचारिक होता है–वास्तविक अधिकार प्रधानमन्त्री के अधीन उसके मंत्रिमंडल को प्राप्त हैं–उसकी कुछ विशिष्ट शक्तियाँ भी हैं। वास्तव में भारत के राष्ट्रपति की शक्तियों की तुलना ब्रिटिश सम्राट की शक्तियों से की जा सकती है। वह राज्य का अध्यक्ष होता है, साथ ही भारतीय सेना का प्रधान सेनापति भी होता है। वह प्रधानमंत्री की नियुक्ति करता है और उसी के परामर्श पर मंत्रिमंडल के सदस्यों को नियुक्त करता है। इनके अलावा वह ये नियुक्तियाँ भी करता है : प्रदेशों के राज्यपाल, भारत के मुख्य न्यायाधीश तथा सवोच्च न्यायालय तथा उच्च न्यायालयों के न्यायाधीश, अटॉर्नी जनरल, कंट्रोलर एंड आडीटर जनरल, चीफ इलेक्शन कमिश्नर तथा अन्य इलेक्शन कमिश्नर, यूनियन पब्लिक सर्विस कमीशन के अध्यक्ष और सदस्य तथा विदेशों में भारत के राजदूत।

भारत के राष्ट्रपति को यह शक्ति भी प्राप्त है कि वह किसी अपराधी को क्षमादान दे सके, उसकी सज़ा को कम कर सके, विशेष रूप से जिनको मृत्युदंड दिया गया हो–वह अपनी सूझ-बूझ से जो उसे सही लगे, कर सकता है।

राष्ट्रपति को कुछ वैधानिक शक्तियाँ भी प्राप्त हैं। वह संसद के सत्र का आरम्भ और उनका अवसान करता है और मंत्रिमंडल द्वारा स्वीकृत किए जाने पर प्रधानमंत्री की सिफारिश पर लोक सभा को भंग कर सकता है। आम चुनाव के बाद नई संसद का गठन होने पर

वह उसका उद्‌घाटन करता है और प्रतिवर्ष पहले सत्र का आरम्भ उसके भाषण से ही होता है। संसद द्वारा पारित विधेयक तभी कानून के रूप में घोषित किए जाते हैं जब वह उन पर हस्ताक्षर कर दे।

राष्ट्रपति तीन प्रकार की आपातुस्थितियाँ घोषित कर सकता है : (1) राष्ट्रीय आपातुस्थिति जो युद्ध, आक्रमण अथवा आन्तरिक संकट की स्थिति में घोषित की जा सकती है, (2) राज्यों में आपात्-स्थिति या राष्ट्रपति शासन, जो किसी राज्य में संवैधानिक संकट उत्पन्न हो जाने पर घोषित की जा सकती है और (3) आर्थिक आपातुस्थिति, जब देश की आर्थिक स्थिति बहुत बिगड़ जाए और उसकी स्थिरता को खतरा उत्पन्न हो जाय अथवा उसकी साख नष्ट होने लगे।

स्वाभाविक है कि इस पद को बहुत से लोग प्राप्त करना चाहेंगे परन्तु ऐसे लोग बहुत ही कम होंगे जो इसे प्राप्त कर सकेंगे। भारत के प्रथम नागरिक का यह निवास स्थल, जो ढाई किलोमीटर लम्बे राजपथ के पश्चिमी सिरे पर बना है, अंग्रेज़ों के शासनकाल में वायसराय हाउस कहा जाता था। भारत को स्वाधीनता प्राप्त होने के बाद इसे गवर्नमेंट हाउस कहा जाने लगा। इसके बाद 1952 में जब भारत गणतन्त्र बना, इसे राष्ट्रपति भवन का नाम दिया गया।

राष्ट्रपति भवन का राष्ट्रीय तथा राजनीतिक महत्त्व तो है ही, इसका स्थापत्य भी आश्चर्यजनक है। इसमें प्राचीन मुगल और यूरोपीय स्थापत्य का अद्‌भुत संगम है, एक बहुत बड़ी स्तंभावलि के ऊपर ताँबे का एक विशाल स्तूप बना है। लम्बे द्वार मंडप के आगे 31 सीढ़ियाँ और 20 स्तम्भ हैं। इसके बिल्कुल पीछे दरबार हाल है जो सोने के सुन्दर खम्भों और देश के सभी भागों से लाए रंगीन संगमरमर पत्थरों से सुसज्जित है, इसके प्रवेश मार्ग पर 2300 वर्ष प्राचीन अशोक स्तंभ की प्रतिमा है। इसी हाल में राष्ट्रपति से सम्बन्धित सभी सरकारी कार्यक्रम आयोजित किए जाते हैं, जिनमें राष्ट्रीय पुरस्कार समारोह भी

सम्मिलित हैं। राष्ट्रपति की पीठ के पीछे चौथी शताब्दी की भगवान बुद्ध की प्रतिमा खड़ी है। बहुत से लोग यह बात नहीं जानते कि जब तक राष्ट्रीय संग्रहालय का निर्माण नहीं हो गया, उस समय तक इसी हाल में संग्रहालय की सामग्री रखी रहती थीं।

समीप ही चौकोर अशोक हॉल है जो अंग्रेज़ों के ज़माने में बाल रूम के रूप में प्रयुक्त किया जाता था। अब इसमें औपचारिक कार्यक्रम आयोजित किए जाते हैं। जैसे मंत्रिमंडल का शपथ-ग्रहण, विदेशों से आए राजदूतों से नियुक्ति पत्र लेना, इत्यादि। इसमें अनेक शानदार झाड़-फानूस लगे हैं और खिड़कियों से पीछे बना मुगल गार्डन दिखाई देता है। बाहर से आनेवाले महत्त्वपूर्ण व्यक्तियों के लिए स्वतन्त्र अतिथि ग्रह हैं, जिसमें दो हवादार सुइट हैं–ये कामदार टीक फर्नीचर और शानदार कालीनों से सजे हैं। भोजन कक्ष भी अलग है, जिसे बैंक्वट हॉल कहते हैं–इसमें 104 व्यक्तियों के बैठने का प्रबंध है। इसकी ठीक से मढ़ी दीवालों पर पूर्व राष्ट्रपतियों के बृहदाकार चित्र लगे हैं। एक कौंसिल रूम है जिसमें राष्ट्रपति की औपचारिक बैठकें आयोजित की जाती हैं। इसमें भारत आनेवाले समुद्री मार्गों के भित्ति चित्र अंकित हैं जिन्हें प्रख्यात कला-इतिहासकार पर्सी ब्राउन की अधीनता में भारतीय कलाकारों ने बनाया था। आर्ट गैलरी और मार्बिल हॉल में अनेक प्रकार की कलाकृतियाँ एकत्र हैं–मूर्तियाँ, व्यक्ति चित्र तथा सामान्य चित्र–जो राष्ट्रपति भवन के इतिहास में वायसराय और राष्ट्रपतियों को समय-समय पर भेंट के रूप में प्राप्त होते रहे हैं।

कुल मिलाकर रायसीना हिल पर स्थित राष्ट्रपति भवन क्लासिक श्रेणी की अत्यन्त भव्य इमारत है–इसे सन्तुलन, व्यवस्था, रूपरेखा तथा सौन्दर्य सभी दृष्टियों से अद्‌भुत माना गया है। इसे विश्वविख्यात वास्तुविद् एडविन लुटयेन्स ने डिज़ाइन किया था और 1913 में इसका निर्माण आरम्भ किया गया था। इसे बनाने में आठ साल लगे, 3500 आदमियों ने इस पर काम किया। 35 लाख घन फीट संगमरमर का

प्रयोग हुआ। 1.7 अरब ईंटें इस्तेमाल की गईं। 2 लाख वर्ग फीट क्षेत्र में यह भवन खड़ा है। उन पुराने दिनों में 14 लाख रुपए व्यय हुए। इसमें रहने वाले पहले वायसराय थे लॉर्ड इरविन–उन्होंने 23 जनवरी 1931 को इसमें प्रवेश किया।

उस समय से लेकर आज तक इसका लम्बा इतिहास रहा है और अब प्रथम महिला राष्ट्रपति के प्रवेश–द्वार संख्या 35 से इसके लिए एक नए युग की शुरुआत मानी जा सकती है।

10

उत्सव के दिन

हम इस दुनिया में अकेले कुछ नहीं हासिल करते—जो भी होता है वह व्यक्ति की ज़िन्दगी के समूचे चित्रपट का और उन सब अलग-अलग धीरे-धीरे बुने गए तानों-बानों का परिणाम होता है जिनसे किसी भी चीज़ का निर्माण होता है।

—सैन्ड्रा डे ओ'कॉनर

10

राजस्थान के गाँव छोटी लोसल में आज खुशी का माहौल था। यह भविष्यवाणी सही सिद्ध हुई थी कि गाँव की बहू प्रतिभा देवी सिंह पाटिल तेरहवें राष्ट्रपति के चुनाव में भारी मतों से विजय प्राप्त करेगी। यह जीत हासिल कर 4 हजार लोगों के इस मामूली गाँव की बहू ने भविष्य के लिए दुनिया के राजनीतिक नक्शे में इसका नाम दर्ज करा लिया। स्त्रियों ने इस अवसर के लिए विशेष रूप से लिखा गाना-दादी बनिया राष्ट्रपति-गाते हुए गलियों में घूम-घूम कर नाचना शुरू किया-मानो होली का त्यौहार दोबारा मनाया जा रहा हो। स्त्री, पुरुष और बच्चे, सभी नई दिल्ली में होने वाले समारोह में भाग लेने जाने की तैयारियाँ करने लगे-इसे वे आज तक का सबसे रंगीन समारोह बनाएँगे।

प्रतिभा पाटिल यद्यपि छोटी लोसल में ज्यादा नहीं आती थीं-उनके प्रतियोगी भैरोंसिंह शेखावत कहीं ज्यादा बार अपने गृह गाँव की यात्रा करते थे-परन्तु यहाँ के लोग उन्हें 'दादी मासा' कहकर ही पुकारते थे। लेकिन जब भी वे यहाँ आतीं, गाँव के सब लोगों से मिलती थीं। गाँव के मन्दिर की घंटियाँ उस समय से लगातार बज रही थीं जब से उन्हें चुनाव के लिए अपना नामांकन पत्र भरा था। शेखावत परिवारों की देवी थीं करणी माता। इसलिए माता के मन्दिर में उस दिन से हर रोज़ 4-6 घंटे दुर्गा सहस्रनाम का पाठ चल रहा था और

माता की मूर्ति के समक्ष अखंड ज्योति जलने लगी थी जो परिणाम घोषित होने के समय तक जलती रहनी थी।

परिवार की हवेली प्रतिभा के दादा-श्वसुर जगत सिंह शेखावत ने बनवाई थी जो एक सदी पहले अमरावती देशान्तर कर गए थे लेकिन छोटी लोसल आते रहते थे। अब यहाँ देवीसिंह के चचेरे भाई सुखराम शेखावत रहते हैं। पिछले दिनों यहाँ बहुत से लोग ज्यादातर गाँव के ही आए थे जो सामने खड़े बरगद के नीचे, उसे ही चौपाल बनाकर उठे-बैठे थे। पड़ोस की दुकान में टीवी लगा था जिस पर चुनाव सम्बन्धी समाचार सुनने वालों की भीड़ लगी रहती थी और अब गाँववालों की आशाएँ पूर्ण हो गई थीं।

अपनी विजय को सम्पूर्ण देश तथा उसकी जनता के सिद्धान्तों की विजय बताते हुए नवनिर्वाचित राष्ट्रपति ने कहा : "मैं मतदाताओं के प्रति कृतज्ञ हूँ। मैं भारतीय जनता, इस देश के सब स्त्री-पुरुषों के प्रति कृतज्ञ हूँ।" उन्होंने अपने प्रतियोगी उप-राष्ट्रपति भैरोंसिंह शेखावत को भारी बहुमत से पराजित कर दिया था। 10.98 लाख मतदाताओं में उन्हें 638116 मत प्राप्त हुए थे जबकि शेखावत को 331306 मत ही मिले थे।

मतगणना छह घंटे तक चली, जिसके अन्त में लोकसभा के मंत्री तथा निर्वाचन अधिकारी पी.डी.टी. आचारी ने घोषणा की कि विजेता को 65.82 प्रतिशत मत प्राप्त हुए। संसद में इन्हें इतने सदस्यों के मत प्राप्त हुए। पाटिल को 442 और शेखावत को 232। राज्यों में इन्हें क्रमशः 2489 तथा 1217 मत प्राप्त हुए।

जब प्रतिभा पाटिल का नामांकन हुआ था और वे जयपुर से दिल्ली के लिए रवाना हो रही थीं, उन्होंने राज्य सरकार को धन्यवाद देते हुए कहा था, कि राष्ट्रपति बनने पर उनका पहला कार्य यह होगा कि राष्ट्रीय ग्रामीण रोजगार गारंटी विधेयक की सफलता के लिए,

जिसे संयुक्त प्रगतिशील गठबंधन ने आगे बढ़ाया था, कार्य करेंगी। जब उनसे यह प्रश्न किया गया कि यदि वे राष्ट्रपति पद के लिए चुन ली जाती हैं तो उनकी प्राथमिकताएँ क्या होंगी, तो उनका उत्तर था : "मैं जानती हूँ कि देश डॉ. मनमोहन सिंह के प्रधानमन्त्रित्व में अच्छी प्रगति कर रहा है, लेकिन कुछ समस्या के क्षेत्र अब भी हैं, जैसे, गरीबी। देश के निर्धन लोगों को गरीबी की रेखा से ऊपर उठाया जाना चाहिए। उनके जीवन में सुधार लाने के लिए विज्ञान तथा तकनीकी दोनों का पूर्ण उपयोग किया जाना आवश्यक है। स्त्रियों का शक्तिकरण दूसरा प्रमुख कार्य है। इसके अलावा ग्रामों को विकास और कृषि पर ध्यान देना ज़रूरी है। हम अच्छी आर्थिक उन्नति कर रहे हैं, परन्तु ये लाभ छनकर नीचे के लोगों तक भी पहुँचने चाहिए। लड़कियों की भ्रूण हत्या और बाल विवाहों को रोकना ज़रूरी है। मैंने स्त्री शक्तिकरण पर हमेशा बल दिया है। यदि ये दोनों समस्याएँ हल नहीं की जातीं तो शक्तिकरण सम्भव नहीं है।"

जब राष्ट्रपति पद की शपथ लेने का समय आया तब प्रतिभा जानती थीं कि यात्रा-पथ लम्बा और कठोर है। वादे पूरे करने हैं और सोने से पहले मीलों का सफर तय करना है...

11

गणतन्त्र की प्रथम सेविका

मेरी इच्छाशक्ति भविष्य को आकार देगी। मैं सफल होऊँ या असफल, यह मैं ही करूँगी और कोई नहीं। मैं अपने रास्ते की अड़चन दूर कर सकती हूँ या सामने खड़ी धुंध में खो जा सकती हूँ। मेरा चुनाव, मेरा दायित्व, जीत या हार, सिर्फ मेरे पास ही मेरे भाग्य की कुंजी है।

–इलेन मैक्सवेल

11

25 जुलाई, 2007 की प्रभात। राजधानी दिल्ली में बादल घिरे हैं लेकिन बारिश के आसार नज़र नहीं आते। नगर पहली महिला राष्ट्रपति का स्वागत करने के लिए मानो तैयार है। छोटे, बड़े सभी धर्मों और जातियों के नागरिक घरों में टेलीविजन के सामने जमे बैठे हैं कि देखें, पुराने राष्ट्रपति डॉ. ए.पी.जे. अब्दुल कलाम की इस सर्वोच्च पद से बिदाई किस प्रकार होती है और कैसे नव-निर्वाचित प्रथम महिला राष्ट्रपति प्रतिभा पाटिल का शपथ-समारोह सम्पन्न होता है।

दोपहर लगभग एक बजे, 9, साउथ एवेन्यू पर कैमरों की भीड़ जमा हो गई जहाँ निर्वाचित राष्ट्रपति प्रतिभा पाटिल को, नियमानुसार राष्ट्रपति सैन्य सचिव मेजर जनरल विनोद चोपड़ा द्वारा व्यक्तिगत रूप से लिखित निमन्त्रण दिया जाएगा कि वे उनके साथ पधारकर भवन में नियुक्त गार्डों की परिवर्तन सलामी लें। विभिन्न समाचार पत्रों के प्रतिनिधि एक ओर 63 वर्षीय प्रतिभा पाटिल के व्यक्तिगत तथा राजनीतिक जीवन पर टिप्पणियाँ तैयार करने में व्यस्त थे, वहीं दूसरी ओर एक कोने में कुछ व्यक्ति शान्त खड़े इस सम्भ्रान्त कार्यक्रम को देख रहे थे। इनमें महाराष्ट्र के एक पूर्व मुख्यमंत्री के अलावा जलगाँव तथा अमरावती से आए अनेक लोग थे। इनमें कुछ भावी प्रथम नागरिक के सम्बन्धी तथा स्कूली दिनों के साथी थे, कई शिक्षण

संस्थाओं तथा सहकारी बैंकों के प्रतिनिधि थे, जो प्रतिभा पाटिल के निवास से बाहर निकलने की प्रतीक्षा कर रहे थे।

तभी द्वार पर हलचल हुई और सफेद सिल्क की साड़ी, जिसकी किनारी हरे रंग की थी, पूरी बाँहों का ब्लाउज़ सिर पर हलका-सा पल्ला, माथे पर लाल रंग की बड़ी बिन्दी, आँखों पर प्लास्टिक फ्रेम का चश्मा और हाथ में छोटा-सा पर्स लिए प्रतिभा पाटिल बाहर निकलीं। धीरे-धीरे परन्तु स्थिर चाल से वे राष्ट्रपति की विशेष कार तक पहुँचीं-आबनूसी रंग की इस शानदार मर्सिडीज़ गाड़ी में सामने और पीछे अशोक चक्र अंकित था तथा हुड के सामने बीच में तिरंगा लगा था। पहले यह कार्य घोड़ों की शाही बग्घी द्वारा किया जाता था परन्तु अब उसका स्थान मर्सिडीज़ गाड़ी ने ले लिया था। इसमें प्रतिभा पाटिल तथा उनके पति देवी सिंह शेखावत के बैठ जाने के बाद गाड़ी राष्ट्रपति भवन की ओर रवाना हो गई।

राष्ट्रपति भवन पहुँचने के बाद उन्हें राष्ट्रपति ए.पी.जे. अब्दुल कलाम के अध्ययन कक्ष में ले जाया गया। कुछ देर औपचारिक वार्ता के बाद हमेशा की तरह निरहंकार राष्ट्रपति कलाम, गहरे नीले रंग का बन्द गले का सूट पहने, बाल सदा की भाँति लम्बे घुँघराले माथे और कनपटियों तक लटके, भावी राष्ट्रपति के साथ राष्ट्रपति के विशिष्ट बॉडी गार्डों के समक्ष खड़े होकर राष्ट्रीय सेल्यूट लेने आए। बिगुल की आवाज़ पर सीधे तने, तलवारें नीची झुकी हुईं, अपनी श्वेत-लाल पोशाकों में स्वस्थ पुष्ट घोड़ों पर चढ़े, अत्यन्त भव्य दिख रहे थे। सलामी की शब्दावली से 'श्रीमान' शब्द निकाल दिया गया था-लगा कि किसी ने बहुत ध्यानपूर्वक तैयारी की थी। राष्ट्रपति के बाडीगार्डों की यह सलामी कार्यक्रम बहुत वर्ष पूर्व गवर्नर जनरल वारेन हेस्टिंग्स के समय में बनाया गया था। युद्ध के जमाने में गार्डों की संख्या बढ़कर 2000 तक जा पहुँची थी।

इस अवसर पर उन्हें एक विशेष रोल अदा करना होता था।

सलामी लेने के बाद डॉ. कलाम और प्रतिभा पाटिल ने आदेश पत्रों का आदान-प्रदान किया, फिर कार में बैठकर समीप ही स्थित संसद के सेंट्रल हाल के लिए रवाना हुए, जहाँ नए राष्ट्रपति का शपथ-ग्रहण सम्पन्न होना था। परम्परा के अनुसार, बिगुलधारी राष्ट्रपति की गाड़ी के बाईं ओर भूरे घोड़े पर सवार चल रहा था। शीघ्र ही श्वेत छतरी दिखाई दी, फिर तुरन्त बाद संसद भवन आ गया, विश्व के सबसे बड़े गणतन्त्र का केन्द्रस्थल, जो चारों ओर हरे-भरे वृक्षों से घिरा है और स्थापत्य की दृष्टि से अद्वितीय तथा अत्यन्त भव्य है।

राष्ट्रपति की गाड़ी द्वार पर रुकती है और उनका स्वागत करने के लिए तीन व्यक्ति प्रकट होते हैं : लोकसभा के अध्यक्ष सोमनाथ चटर्जी, राज्यसभा के अध्यक्ष के. रहमान खाँ तथा सवोच्च न्यायाधीश के.जी. बालकृष्णन। राष्ट्रपति के गार्ड से सलामी लेने के बाद डॉ. कलाम तथा प्रतिभा पाटिल मैरून रंग के कालीनों पर कदम रखते हुए सीढ़ियाँ चढ़ते हैं और कुछ और आगे बढ़कर लाल कालीनों से ढके सेंट्रल हॉल में प्रवेश कर जाते हैं-दो वर्दीधारी सैनिक उनके आगे चल रहे हैं। सामने राष्ट्रपति कलाम जनता की दिशा में हाथ हिलाते जा रहे हैं। उनके पीछे श्रीमती पाटिल कदम बढ़ा रही हैं। पीछे बज रहे बिगुल की ध्वनि के साथ वे मुस्कराते हुए सेंट्रल हाल में प्रविष्ट होते हैं और पीछे बैठे लोगों को सामने बैठे लोगों के सिरों के ऊपर से श्रीमती पाटिल के पल्लू की झलक मिलने लगती है।

वे ऊँची पीठ की गहरे हरे चमड़े से मढ़ी टीक की कुर्सियों पर बैठने के लिए सीढ़ियाँ चढ़ते हैं। तभी राष्ट्रीय गीत की धुन बजना शुरू हो जाती है और दोनों स्थिर मुद्रा में, सीधे, सामने देखते हुए, ओठ बन्द, गाल ज़रा भीतर, खड़े हो जाते हैं। जन गण मन....समाप्त होने पर वे बैठते हैं, बाईं ओर राष्ट्रपति कलाम और दाईं ओर श्रीमती पाटिल। कार्यवाही आरम्भ होती है। सर्वप्रथम चुनाव के परिणाम पढ़े जाते हैं, तालियाँ बजती हैं। इसके बाद भारत के पहले दलित सर्वोच्च

न्यायाधीश श्री के.जी. बालकृष्णन भारत की प्रथम महिला राष्ट्रपति माइक्रोफोन के सामने खड़े होकर श्रीमती प्रतिभा पाटिल को उनके पद की शपथ दिलाना आरम्भ करते हैं। पहले श्री बालकृष्णन शपथ पढ़ते हैं, फिर श्रीमती पाटिल माइक के सामने उसे दोहराती हैं–उनकी स्पष्ट और स्थिर आवाज़ सबको सुनाई देती है : ''मैं, प्रतिभा देवी सिंह पाटिल, वचन देती हूँ कि भारत के राष्ट्रपति का पद अपनी सम्पूर्ण योग्यता से...।''

शपथ समाप्त होती है और सेंट्रल हॉल तालियों से गूँज उठता है। नई राष्ट्रपति रजिस्टर पर अंकित शपथ पत्र पर अपने हस्ताक्षर करती हैं, उसके नीचे राष्ट्रपति के सचिव हस्ताक्षर करते हैं। अब पूर्व राष्ट्रपति कलाम और नवीन राष्ट्रपति पाटिल हाथ जोड़कर एक-दूसरे को नमस्कार करते हैं और अपनी कुर्सियाँ बदलते हैं। श्रीमती पाटिल बाईं ओर की कुर्सी पर और डॉ. कलाम दाईं की कुर्सी पर आकर बैठ जाते हैं।'' इस सम्पूर्ण कार्यवाही के दौरान भवन से बाहर सलामी की तोपें गरज रही हैं और अब अन्तिम 21वीं सलामी तोप गरजकर चुप हो जाती है।

इसके बाद राष्ट्रपति के कार्यों की सूची पढ़ी जाती है और नई राष्ट्रपति राष्ट्र के नाम अपना प्रथम भाषण पढ़ने के लिए खड़ी होती हैं–पहले वे अंग्रेज़ी में, फिर हिन्दी में इसे पढ़ती हैं। ''मैं यहाँ गणतन्त्र की प्रथम सेविका के नाते खड़ी हूँ और इस पद पर रहकर मुझसे जो अपेक्षाएँ की जाती हैं, उन्हें पूरा करने का भरसक प्रयास करते हुए मैं जनता की सेवा करती रहूँगी।''

संसद तथा विधान सभाओं के सदस्यों को उन्हें मतदान करने के लिए उन्होंने विपुल धन्यवाद किया और भारत के स्वाधीनता संग्राम में भाग लेने वाले सब स्त्री-पुरुषों का स्मरण किया। उन्होंने अपना यह विश्वास दोहराया कि महिलाओं के शक्तिकरण द्वारा ही समूचे

राष्ट्र का शक्तिकरण सम्भव है। उन्होंने बेगम हज़रत महल के योगदान की याद की और सन्त तुकाराम तथा रवीन्द्रनाथ ठाकुर के वचन पढ़े। अन्त में उन्होंने कहा : "हमें ऐसे भारत के भविष्य के लिए पुनः वचनबद्ध होना चाहिए जिसमें गरीबों के साथ प्रत्येक भारतवासी अपना सिर ऊँचा करके खड़ा हो सकेगा।"

जब वे अपना भाषण समाप्त कर रही थीं, तब उनके गले में पड़े मंगलसूत्र की एक झलक लोगों को मिल रही थी...जय हिन्द।

12

प्रतिभा और हिलरी

मैं सोचती हूँ कि स्त्री के लिए सफलता का मंत्र यह है कि वह अपने लिये सीमा न तय करे।

—मार्टिना नवरातिलोवा

12

दुनिया में स्त्रियों की संख्या आधी होने के बाद भी सचाई यह है कि उनमें से बहुत ही कम ऊँची नौकरियों और शक्ति के पदों पर पहुँच पाती हैं। जो पहुँच पाती हैं, उन्हें बहुत विशिष्ट ही कहा जाएगा। पिछले दिनों हुए एक सर्वे के अनुसार दुनिया की विधान सभाओं में औसतन केवल ग्यारह प्रतिशत स्त्रियाँ हैं, जिनकी एक-तिहाई से कुछ ज्यादा छह मुल्कों में ही हैं, मध्य एशिया के कुछ देशों में तो एक भी नहीं है।

इस इक्कीसवीं शताब्दी का पहला दशक दुनिया में सबसे बड़े दो लोकतन्त्रों–भारत और अमेरिका–के लिए स्त्रियों का दशक ही सिद्ध हो सकता है। भारत को लें तो प्रतिभा पाटिल देश की पहली महिला राष्ट्रपति चुनी ही जा चुकी है। वे देश के सर्वोच्च पद पर आसीन हैं। अब यह देखना है कि अमेरिका में भी यह इतिहास दोहराया जाएगा या नहीं। वहाँ 2008 में होनेवाले राष्ट्रपति पद के चुनाव के लिए डेमोक्रेटिक पार्टी की उम्मीदवार हिलरी रोढम क्लिंटन इन दिनों चुनाव की लम्बी राजनीतिक प्रक्रिया से गुज़र रही हैं।

मनोरंजक तथ्य यह है कि प्रतिभा पाटिल और हिलरी क्लिंटन के व्यक्तिगत और राजनीतिक जीवन में अनेक समानताएँ हैं। दोनों का जन्म ऐसे परिवारों में हुआ जो राजनीतिक रूप से रूढ़िवादी परन्तु

अपनी बेटियों के लिए शिक्षा तथा नौकरी की दृष्टि से उदार तथा प्रगतिवादी थे। दोनों के ही पिताओं का अपनी बेटियों पर गहरा प्रभाव था।

आश्चर्य की बात यह भी है कि दोनों के ही जीवन में विभिन्न स्थितियों में एक समान ही मोड़ आए हैं। स्कूल के दिनों में हिलरी खेल-कूद में बहुत भाग लेती थीं और ब्राउनी तथा गर्ल स्काउट के रूप में उन्होंने अनेक पुरस्कार जीते थे। इसी तरह प्रतिभा पाटिल भी टेबिल टेनिस तथा अन्य खेलों में पुरस्कार जीतती रहती थीं। एक-दूसरे से हज़ारों मील दूर रहने पर भी दोनों लड़कियाँ 'आलराउंडर' या सभी विषयों में ठीक-ठाक थीं–हिलरी छात्र सभा और डिबेट इत्यादि में काफी आगे थीं और प्रतिभा कालेज क्वीन बनने के साथ भाषण देने में भी कुशल मानी जाती थीं। हिलरी ने 1964 में राष्ट्रपति पद के लिए रिपब्लिक उम्मीदवार के चुनाव में आगे बढ़कर कार्य किया था। इसी तरह इन्हीं दिनों प्रतिभा ने जलगाँव से विधानसभा के लिए खड़े अपने गुरु वाई.एस. महाजन के चुनाव में बड़े उत्साहपूर्वक काम किया था।

दोनों की शादियाँ ऐसे व्यक्तियों से हुईं जो राजनीतिक जगत में ऊँचे स्थानों पर रहे। बिल क्लिंटन अरकान्सास के गवर्नर और बाद में अमेरिका के राष्ट्रपति बने, इसी प्रकार देवीसिंह अमरावती के मेयर बने। यह भी रोचक तथ्य है कि दोनों ने विवाह के बाद अपने मूल नामों को नए नामों में बनाए रखा है। अन्तर यही है कि जहाँ प्रतिभा ने पति का नाम बीच में और अपना नाम बाद में रखा है वहाँ हिलरी ने पति का नाम बाद में रखकर इसे उलट दिया है–हिलरी रोढम क्लिंटन।

इसके अलावा दोनों ने वकालत पढ़ी और 1970 के दशक में अपना कैरियर शुरू किया। दोनों के आदर्श भी समान रहे। जहाँ प्रतिभा

इन्दिरा गाँधी की जबरदस्त भक्त और उनसे प्रभावित थीं, हिलरी मार्टिन लूथर किंग से प्रभावित थीं और छात्रा रहते समय हुई उनकी हत्या से बहुत दुखी हुई थीं। उनके राजनीतिक जीवन की अद्‌भुत समानता यह भी है कि प्रतिभा किसी भी चुनाव में पराजित नहीं हुईं और हिलरी राष्ट्रपति चुनाव के लिए डेमोक्रेटिक नामांकन में हमेशा आगे ही चल रही हैं।

इनके जीवन की प्रथमता भी मिलती है। प्रतिभा पाटिल राजस्थान की प्रथम महिला राज्यपाल थीं। 2000 में हिलरी क्लिंटन अमेरिकी सीनेट की सदस्या चुनी गईं तब वे इस स्थान के लिए चुनी गईं प्रथम महिला सदस्य होने के साथ ही न्यूयार्क से भी चुनी जाने वाली प्रथम महिला थीं।

इसी प्रकार दोनों स्त्री शक्तिकरण की जबरदस्त पक्षपाती हैं और बाल-कल्याण भी दोनों को बहुत प्रिय है।

इस सूची को आगे बढ़ाएँ तो दोनों के जीवन में संकट भी एक ही प्रकार से आए हैं। दोनों के खिलाफ काफी कीचड़ उछाला जाता रहा है, भले ही साबित कभी कुछ भी न किया जा सका हो। 1996 में देश की प्रथम महिला राष्ट्रपति की पत्नी के रूप में पहली बार किसी महिला को ह्वाइटवाटर स्केंडल के तहत फेडरल ग्रांड जूरी के समक्ष प्रस्तुत होना पड़ा–यद्यपि उनके विरुद्ध इस स्केंडल अथवा पति के राष्ट्रपति काल के दौरान किए गए अन्य अनेक जाँच आयोजनों में किसी भी आरोप के लिए दोषी नहीं ठहराया गया।

इसी प्रकार जब प्रतिभा पाटिल का राष्ट्रपति पद के लिए नामांकन किया गया, उनके विरुद्ध पैसे की हेराफेरी, हत्या में उनके भाई का हाथ होने, पर्दा प्रथा के प्रति उनका वक्तव्य, दादा लेखराज की भविष्यवाणी...इत्यादि अनेक छोटे-बड़े आरोप लगाए गए...जिनके उत्तर में उन्होंने उनकी उपेक्षा करना और चुप रहना ही उचित समझा।

आश्चर्य की बात यह है कि जब वे राजस्थान के राज्यपाल पद के लिए मनोनीत हुईं तब इनमें से कोई भी आरोप उनके विरुद्ध नहीं लगाया गया, यद्यपि राज्य का अध्यक्ष भी एक तरह से देश के अध्यक्ष के ही समकक्ष होता है। सच यह है कि जब कोई व्यक्ति चर्चित होने लगता है तो उसे कुछ अँधेरों से भी गुज़रना ज़रूरी हो जाता है।

13

कुछ शक्तिमान महिलाएँ

किसी जाति का वास्तविक मूल्य उसमें स्त्रीत्व की विशिष्टता से ही जाँचा जा सकता है।

–मेरी मैक्लियड बेथून

13

यदि राज्यों के अध्यक्षों की बात करें तो एक मनोरंजक ऐतिहासिक तथ्य सामने आता है। दुनिया के अनेक बड़े और आर्थिक दृष्टि से विकसित देशों–जैसे, अमेरिका, रूस, स्पेन, ऑस्ट्रेलिया–में आज तक कभी कोई स्त्री राज्याध्यक्ष नहीं हुई है, जबकि अनेक छोटे विकसित, विकासशील तथा तीसरी दुनिया के देशों में इन्होंने यह स्थान प्राप्त किया है।

उदाहरण के लिए, मंगोलिया के पीपुल्स ग्रेट टबुरल के प्रिसीडियम की फर्स्ट डिप्टी चेयरमैन तथा कार्यवाहक चेयरमैन, राष्ट्रीय हीरो सूहबातार की विधवा सूहबातारिन यंजमा, सितम्बर, 1953 से जुलाई 1954 तक रही थीं। महारानियों को छोड़ दें तो उन्हें आधुनिक इतिहास की नितांत सर्वप्रथम राजनीतिक शासक कहा जा सकता है।

चीन में 1968 से 1972 तक सोंग किंगलिंग ने डोंग बीवू के साथ वास्तविक अध्यक्ष का कार्यभार संभाला था। 1980 में अपने देहांत से कुछ समय पहले वे पीपुल्स रिपब्लिक ऑव चायना की मानक अध्यक्षा भी चुनी गई थीं।

अर्जेन्टाइना को आज की दुनिया की पहली महिला अध्यक्ष देने

का सम्मान प्राप्त है। मारिया एस्टेला (ईसाबेल) मार्टिनेज़ डिपेरोन। जुलाई, 1974 से 24 मार्च, 1976 तक देश की राष्ट्रपति रहीं, जब सैनिक विद्रोह में उन्हें पदच्युत कर दिया गया–पदच्युत की जाने वाली भी वे प्रथम महिला थीं।

इसी परम्परा में बोलिविया में लिडिया गुएलेर तेजादा ने 17 नवम्बर, 1979 से 18 जुलाई, 1980 तक देश के प्रभारी राष्ट्रपति का कार्यभार संभाला, जिसके बाद उन्हें भी सेना ने पदच्युत कर दिया।

राष्ट्रपति पद के अतिरिक्त, ऐसी कई शक्तिमान महिलाएँ हुई हैं जिन्होंने प्रधानमंत्री के रूप में अपने देशों का शासन कार्य चलाया है। इन्हें 'लौह महिला' कहा गया और यह नाम दुनिया की अनेक शक्तिमान शासिकाओं के लिए प्रयुक्त किया गया। 1976 में ब्रिटेन की राजनेता मारग्रेट थैचर को सोवियत मीडिया ने उनके ज़बरदस्त साम्यवाद विरोध के कारण उन्हें शक्तिशाली इच्छाशक्ति वाली महिला कहा था। ब्रिटेन में लार्ड सेलिसबरी के बाद मारग्रेट थैचर ने सबसे लम्बे समय–1979 से 1990 तक–ब्रिटेन के प्रधानमंत्री का पद संभाला था और 19वीं सदी के प्रधानमंत्री लॉर्ड लिवरपूल के बाद एक साथ इतने लम्बे कार्यकाल तक प्रधानमंत्री बने रहने का भी रेकार्ड स्थापित किया था।

जिन अन्य महिलाओं को अनौपचारिक रूप से 'लौह महिला' कहा गया, उनमें इन्दिरा गाँधी का नाम आता है जो 1966 से 1977 तक और इसके बाद 1980 से 1984 तक भारत की प्रधानमंत्री रहीं। उनका व्यक्तित्व अत्यन्त प्रभावशाली परन्तु शासन विवादास्पद था, उन्होंने सिख अलगाववादी आन्दोलन को दबाने के लिए सेना का उपयोग किया। जिस कारण उन्हीं के सिख रक्षकों ने 1984 में उनकी हत्या कर दी।

1969 से 1974 तक इज़रायल की प्रधानमंत्री गोल्डा मायर तथा ब्रिटेन की वामदलीय राजनीतिज्ञ बारबरा कैसिल को भी शक्तिमान महिलाओं में स्थान दिया गया है।

इज़रायल राज्य के संस्थापकों में एक, गोल्डा मायर 11 मार्च, 1969 से 3 जून, 1974 तक अपने देश की चौथी, और इस समय तक एकमात्र, महिला प्रधानमंत्री रहीं। वे दुनिया की तीसरी महिला प्रधानमंत्री रहीं। मागरिट थैचर को 'लौह महिला' का विशेषण दिए जाने के वर्षों पूर्व उन्हें इज़रायली राजनीति में यह विशेषण दिया जाने लगा था। वास्तव में, इज़रायल के सर्वप्रथम प्रधानमंत्री डेविड बेन गुरियन उन्हें 'मंत्रिमंडल में अकेली पुरुष' कहते थे।

हमारे बिल्कुल समीप पाकिस्तान में बेनज़ीर भुट्टो का उदाहरण है, जिन्हें 'गिन्नीस बुक ऑफ रिकॉर्ड्स' में संसार की सबसे लोकप्रिय राजनीतिज्ञ माना गया है तथा उसी वर्ष के 'टाइम्स' तथा 'ऑस्ट्रेलियन मैगज़ीन' द्वारा उन्हें संसार की सौ सबसे शक्तिशाली महिलाओं में सम्मिलित किया गया है। बेनज़ीर राजनीति में उस समय आई जब उनके पिता पाकिस्तान के प्रधानमंत्री जुल्फिकार अली भुट्टो को 1977 में सैनिक कार्यवाही द्वारा गद्दी से उतार दिया गया था और बाद में फाँसी पर चढ़ा दिया गया था। सरकारी दमन तथा राजनीतिक अनुभव में शून्य होने के बाद भी बेनज़ीर ने अपनी पाकिस्तान पीपुल्स पार्टी को नवम्बर, 1988 तथा इसके बाद अक्टूबर 1993 के सार्वजनिक चुनावों में विजय दिलाई।

सन् 2006 में सुप्रसिद्ध 'फोर्ब्स' पत्रिका ने बंगलादेश की खालिदा ज़िया को दुनिया की 100 सबसे शक्तिशाली महिलाओं में शामिल किया था। खालिदा 1991 से 1996 तक बंगलादेश की प्रधानमंत्री रहीं। वे अपने देश में प्रधानमंत्री बनने वाली प्रथम महिला

थीं और इसके बाद दोबारा 2001 से 2006 तक इस पद के लिए निर्वाचित हुईं। बंगलादेश के राष्ट्रपति ज़िया-उर-रहमान की हत्या के बाद उनकी विधवा खालिदा ने बंगलादेश नेशनलिस्ट पार्टी का नेतृत्व संभाला। देश की स्वतन्त्रता के 35 वर्षों में उन्होंने सबसे अधिक, 10 वर्ष तक शासन किया है और 1991, 1996 तथा 2001 के चुनावों में पाँच विभिन्न संसदीय चुनाव क्षेत्रों से खड़े होकर सबमें विजय प्राप्त की है जो देश के इतिहास में इस तरह का अकेला रिकॉर्ड है।

दूसरा उदाहरण है बंगलादेश के संस्थापक बंगबंधु शेख मुजीबुर्र-रहमान की बेटी शेख हसीना का, जो 2 जून, 1996 को देश की दसवीं प्रधानमंत्री बनीं और जिन्होंने बाईस वर्षों के निर्दयतापूर्ण दमन, व्यापक भ्रष्टाचार तथा अप्रत्यक्ष मार्शल ला के बाद बंगलादेश में लोकतन्त्र की पुनर्स्थापना की। 1975 में उनके पिता और समूचे परिवार की हत्या कर दी गई थी, जिसमें वे और उनकी बहन शेखरेहाना इसलिए ज़िन्दा बच रही थीं क्योंकि उस समय वे देश से बाहर थीं। जबरदस्ती देश से बाहर रखे जाने के बावजूद वे वहीं रहकर देशवासियों को संगठित करती रहीं। छह वर्ष विदेश में रहने के बाद वे 17 मई, 1981 को बंगलादेश, अवामी लीग की अध्यक्ष बनकर वापस लौटीं। तब उनकी उम्र 33 साल की थी।

दक्षिण में हमारा पड़ोसी देश श्रीलंका दुनिया का पहला ऐसा गणतन्त्र है जिसके दो सर्वोच्च शासकीय पद एक साथ महिलाओं द्वारा भरे गए और ये दोनों पद सार्वजनिक निर्वाचन द्वारा प्राप्त किए गए थे। दिसम्बर, 1994 में चन्द्रिका कुमारतुंगे राष्ट्रपति और उनकी माँ देश की प्रधानमंत्री बनीं। इससे पहले उनकी माँ श्रीमावो भंडारनायके 1960 में देश की प्रधानमंत्री बनी थीं।

आइसलैंड की विजिस फिनबोगाडोटिर 1 अगस्त, 1980 से

1 अगस्त, 1996 तक देश की राष्ट्रपति रहीं। वे यूरोप की प्रथम महिला राष्ट्रपति थीं जिन्हें जनता ने सीधे चुना था।

यूरोप की दूसरी महिला राष्ट्रपति माल्टा की अगाथा बारबरा थीं जो 15 फरवरी, 1982 से 15 फरवरी, 1987 तक इस पद पर रहीं।

इस दौड़ में एशिया पीछे नहीं है। फिलीप्पीन में बेनिनो अकुइनो की विधवा कोराज़ोन (कोरी) अकुइनो इस महाद्वीप की पहली राष्ट्रपति बनीं। वे 25 फरवरी, 1986 से 30 जून, 1992 तक इस पद पर रहीं।

अमेरिका महाद्वीप की तीसरी महिला राष्ट्रपति और दूसरी अश्वेत शासिका हैरी की डेम अर्था पास्कल-ड्डइलो थीं जो 13 मार्च, 1990 से 7 फरवरी, 1991 तक देश की अन्तरिम राष्ट्रपति के रूप में कार्यरत रहीं।

यूरोप में पूर्व तथा पश्चिम जर्मनी के एक होने से तुरन्त पहले पूर्वी जर्मन डेमोक्रेटिक रिपब्लिक की अध्यक्ष सबीन बर्गमान पोल रहीं। वे छह महीने तक वोल्शामेर की अध्यक्ष रहीं। साथ ही वे उस समय के समूचे कम्युनिस्ट पूर्व यूरोप की अकेली महिला शासनाध्यक्ष थीं। आज भी जर्मनी की चांसलर एन्जेला डोरीथिया मर्केल नामक महिला हैं।

मेरी रॉबिन्सन, जो बाद में संयुक्त राष्ट्र संघ की हाई कमिश्नर फॉर ह्यूमन राइट्स नियुक्त हुईं। 3 दिसम्बर, 1990 से 12 सितम्बर, 1997 तक आयरलैंड की राष्ट्रपति रहीं।

इसी प्रकार अफ्रीका में पहली राज्याध्यक्ष रूथ मेरी थीं।

स्विस राज्य की प्रथम महिला अध्यक्ष का नाम था रूथ डेफस जो 1 जनवरी, 1999 से 1 जनवरी, 2000 तक कॉन्फेंडरेशन की प्रमुख रहीं। उन्हें फेडरल एसेम्बली ने चुना था।

प्रथम महिला अध्यक्षों की यह सूची बहुत लम्बी है जिनमें से अनेकों के हमने नाम तक नहीं सुने हैं परन्तु जिन्होंने समय के प्रवाह पर अपने पद चिह्न छोड़े हैं। पूर्व केन्द्रीय यूरोप स्थित देश लटेविया में 17 जून ,1999 के दिन वाइर वाइक-फ्रेबर्गा चार वर्ष के लिए संसद के द्वारा देश की राष्ट्रपति चुनी गई थीं। पनामा की प्रथम महिला राष्ट्रपति मिर्रेया एलिसा मोस्को सोद आरियांस 1 सितम्बर, 1999 से 1 सितम्बर, 2004 तक इस पद पर रहीं। फिनलैंड की प्रथम महिला राष्ट्रपति तारया कारिना हेलोनेन 1 मार्च, 2000 को इस पद पर आसीन हुईं। 16 जनवरी, 2006 से लाइबेरिया का राष्ट्रपति ग्रहण करने वाली एलेन जानसन सरलीफ़ को अफ्रीका की पहली चुनकर बनाई जाने वाली राष्ट्रपति का गौरव प्राप्त है। 11 मार्च, 2006 को मिशेन बैशले ज़ेरिया चिली की राष्ट्रपति बनीं। 1 जनवरी, 2007 को एक वर्ष के लिए चुनी जाने वाली स्विस कान्फेडेरेशन की राष्ट्रपति मिशलिन कामी-रे 1 जनवरी, 2008 तक इस पद पर आसीन रहेंगी। इज़रायल के राष्ट्रपति मोशे कात्ज़ाव को 25 जनवरी, 2007 के दिन अपने ऊपर लगे आरोपों का उत्तर देने के लिए जब तीन मास का अवकाश लेना पड़ा, तब डालिया इत्ज़िक ने उनके स्थान पर कार्यवाहक राष्ट्रपति का पद भार संभाला।

इस प्रकार संख्या में कम होते हुए भी दुनिया के राजनीतिक रंगमंच पर महिलाएँ अपने निशान छोड़ रही हैं।

स्त्री शक्तिकरण की प्रबल पक्षधर प्रतिभा पाटिल का विश्वास है, ''दुनिया की सब नदियाँ यदि एक साथ मिलकर बहने लगें तो

कितनी बड़ी नदी बन जाएगी। यदि दुनिया के सब वृक्ष एक साथ मिलकर खड़े हो जाएँ तो कितना बड़ा वृक्ष बन जाएगा यह। यदि दुनिया की सब स्त्रियाँ एक ही आवाज़ में बोलने लगें तो कितनी बड़ी आवाज़ हो जाएगी यह।"

14

निर्णय के क्षण

सौम्यता से बढ़कर कुछ नहीं है। वास्तविक शक्ति भी बहुत सौम्य होती हैं।

–इरेन्सेद सालेस

14

स्वतन्त्रता के साठ वर्षों में भारत में जितने राष्ट्रपति हुए हैं उनमें डॉ. ए.पी.जे. अब्दुल कलाम ने अपनी विशिष्ट योग्यता, व्यवहार-कुशलता तथा आदर्शवादी और गहरी सेकुलर आस्था के कारण जो अपार लोकप्रियता अर्जित की, उसके कारण उनके बाद होने वाले किसी भी राष्ट्रपति के लिए इस पद को संभाल पाना कठिन ही मानना होगा। उन्हें जनता का राष्ट्रपति कहा गया और उन्होंने अपने पीछे जो परम्परा छोड़ी है, उसकी समानता करना ही नए राष्ट्रपति के लिए कठिन होगा, उससे आगे बढ़कर कुछ कर दिखाना तो बहुत बड़ी चुनौती है। इसके अलावा, यह तथ्य कि नई राष्ट्रपति एक महिला हैं, लोग कहीं ज्यादा कठिन कसौटियों से उनका मूल्यांकन करेंगे और उन्हें कहीं ज्यादा कठिन परीक्षाओं से गुज़रना होगा।

राष्ट्रपति के पद से जनता की जो अपेक्षाएँ होती हैं, उन्हें प्रतिभा पाटिल किस सीमा तक पूरी कर सकेंगी? राष्ट्रपति की कुर्सी पर आसीन होने के बाद बाहरी दबावों तथा अपेक्षाओं से विचलित नहीं दिखाई देतीं और उनका शान्त स्वभाव तथा व्यवहार उसी प्रकार कायम है। इस सामान्य धारणा के उत्तर में कि वे नाममात्र की राष्ट्रपति रहेंगी, वे उत्तर देती हैं : "यह आप भूल जाइए। मैं रबर स्टाम्प राष्ट्रपति नहीं रहूँगी। मेरा रेकार्ड देख सकते हैं।" यह इस तथ्य की ओर इशारा है जब राजस्थान की राज्यपाल रहते समय उन्होंने धार्मिक स्वतन्त्रता

विधेयक पर हस्ताक्षर करने से इनकार कर दिया था। और मई-जून 2007 के गुर्जर आन्दोलन के दिनों में प्रदेश में राष्ट्रपति शासन लागू करने के कांग्रेस दल के दबाव को स्वीकार नहीं किया था।

यह, कि उनका अपना स्वतन्त्र दिमाग़ है और काम करने का ढंग भी उनका अपना ही है, जो यह जानती हैं कि राजनीतिक विवशताओं तथा राष्ट्रपति पद की गरिमा के बीच किस प्रकार सामंजस्य बिठाया जाना चाहिए, उसी दिन स्पष्ट हो गया जब कुर्सी संभालने के कुछ ही दिन बाद गोआ से भारतीय जनता पार्टी का एक प्रतिनिधि मंडल उनसे मिलने पहुँचा। ये लोग राज्य की उस समय अस्पष्ट राजनीतिक स्थिति की ओर उनका ध्यान आकर्षित करना चाहते थे तथा इसमें हस्तक्षेप करने का कुछ आश्वासन भी चाहते थे। वे उनसे मिलीं, समाचार पर उनसे सहानुभूति व्यक्त की, चाय भी पिलाई, परन्तु कोई वादा नहीं किया और स्पष्ट कर दिया कि यह विषय राज्य सरकार का है, इसमें उनका हस्तक्षेप उचित नहीं है।

उनका यह कार्य तथा राजस्थान में राज्यपाल रहने के समय किए गए निर्णयों से यह स्पष्ट है कि वे संविधान को ही अपना निर्देशक मानती हैं। उनका स्पष्ट कहना है : "संविधान में सब कुछ कह दिया गया है। राज्य के सभी अंगों के नियम-कानून उसमें लिख दिए गए हैं-विधायिका, कार्यपालिका तथा न्यायपालिका, तीनों के नियम पूरी स्पष्टता से वर्णित है। संविधान ही हमेशा मेरा मार्गदर्शक रहेगा।

इस प्रकार संविधान को सर्वोपरि मानकर चलने तथा निष्काम कर्म के अपने जीवन-दर्शन के सहारे भारत के बारहवें राष्ट्रपति को यह कार्यकाल देश के लिए सभी शक्तिकरण के अलावा अन्य विषयों में भी निर्णय का क्षण सिद्ध हो सकता है।

प्रतिभा पाटिल का राजनीतिक जीवन

* महाराष्ट्र विधान सभा की सदस्य : 1962-85
* उपमंत्री, सार्वजनिक स्वास्थ्य, नशाबन्दी, पर्यटन, भवन-निर्माण तथा संसदीय कार्य, महाराष्ट्र सरकार : 1967-72
* मंत्री, समाज कल्याण, महाराष्ट्र सरकार : 1972-74
* मंत्री, सार्वजनिक स्वास्थ्य और समाज-कल्याण, महाराष्ट्र सरकार : 1973-74
* मंत्री, नशाबन्दी, पुनर्वास और संस्कृति, महाराष्ट्र सरकार : 1975-76
* मंत्री, शिक्षा, महाराष्ट्र सरकार : 1977-78
* विरोधी पक्ष की नेता, महाराष्ट्र सरकार : 1979-80
* मंत्री, नगर विकास तथा भवन-निर्माण, महाराष्ट्र सरकार : 1982-85
* सदस्य, राज्य सभा : 1985-90
* उपाध्यक्ष, राज्य सभा : 1986-88
* अध्यक्ष, विशेषाधिकार समिति, राज्य सभा, सदस्य, व्यापार सलाहकार समिति, राज्य सभा : 1986-88
* सदस्य, दसवीं लोक सभा : 1991-96
* राज्यपाल, राजस्थान : 8 नवम्बर 2004 से 22 जून 2007 तक
* राष्ट्रपति, भारत गणतन्त्र : 25 जुलाई 2007...